青少年无线电测向训练导引

扶健华 编著

华南理工大学出版社
·广州·

图书在版编目（CIP）数据

青少年无线电测向训练导引/扶健华编著. —广州：华南理工大学出版社，2024.9

ISBN 978-7-5623-7515-9

Ⅰ.①青… Ⅱ.①扶… Ⅲ.①测向运动（无线电运动） Ⅳ.①G876

中国国家版本馆CIP数据核字（2023）第243871号

Qingshaonian Wuxiandian Cexiang Xunlian Daoyin
青少年无线电测向训练导引
扶健华　编著

出 版 人：柯　宁
出版发行：华南理工大学出版社
　　　　　（广州五山华南理工大学17号楼，邮编510640）
　　　　　http://hg.cb.scut.edu.cn　E-mail：scutc13@scut.edu.cn
　　　　　营销部电话：020-87113487　87111048（传真）
策划编辑：袁　泽
责任编辑：吴翠微
责任校对：袁桂香　梁晓艾
印 刷 者：佛山家联印刷有限公司
开　　本：787mm×1092mm　1/16　印张：10.5　字数：209千
版　　次：2024年9月第1版
印　　次：2024年9月第1次印刷
定　　价：62.00元

版权所有　盗版必究　　印装差错　负责调换

前 言

少年强则国强，少年智则国智。青少年是国家的未来，是科技创新的生力军，也是实现高水平科技自立自强和建设科技强国的重要力量。培养青少年的实际动手能力、观察能力、思考能力、想象力和创新意识，强健体魄，提高体质健康水平，对于青少年德智体美劳全面发展至关重要。

作为科技与体育高度融合的无线电测向运动，是集竞技、科技、益智于一体的科技体育项目，能有效培养参与者的体能、智能、技能、战能、心能等综合能力，具有知识性、智体性、创造性、健心性等特点，是体育赋能科技创新的很好切入点。

我国的无线电测向运动，在我从事教学、训练和裁判工作的30多年中，经历了从专业化发展向大众化普及的全过程。20世纪80年代，无线电测向只是专业运动队存在的体育项目，目前国内大部分教练也都是来自于这个时期。到了90年代，由于《奥运争光计划》的实施，无线电测向活动开始萎缩，参与的人员并不多。进入21世纪后，随着短距离无线电测向项目的推广和普及，吸引了一大批大中小学校的青少年参与，尤以广东、北京、江苏、浙江等省（市）居多，每年的全国青少年无线电测向锦标赛参赛人数超过2000人。

近年来，随着人们生活水平的不断提高，家长对小孩的教育也越来越重视，由此造成"鸡娃"的案例屡屡出现。教育的严重内卷、电子游戏、垃圾食品、久坐少动导致出现了不少社会问题，许多青少年对传统的体育项目没有兴趣参与，青少年的身体素质、心理素质及其提升方式成为社会各界关注的热点。无线电测向运动是现代无线电通信技术与捉迷藏游戏的有机融合，它不同于传统的室外项目在固定场地上或野外的单一奔跑，也不同于其他科技活动的室内制作，而是将理论与实践、动手与动脑、室内与室外、体力与智力充分结合，将科技、健身、休闲、娱乐有机地融为一体，具有启智性、趣味性、挑战性、强身健体等独特的魅力。这项运动要求参与者不借助任何帮助而独立完成竞赛的全过程，并能对所遇到的困难迅速做出反应。它既能培养青少年独立果断处理突发事件的能力，还能培养青少年坚韧不拔与吃苦耐劳的品格以及团结协作的精神。

如何让青少年从健康、安全、方便、有趣、益智的角度系统地进行无线电测向运动呢？基于此，我编写了《青少年无线电测向训练导引》一书。本书共分八个单元，介绍了短距离无线电测向的分类及装备，无线电测向原理和技术体系，短距离无线电测向专项技术训练，无线电测向的体能训练方法，不同学段的体能训练要求与训练调控，以及短距离无线电测向竞赛规则等。此外，本书还针对定向猎狐进行了专门介绍。书中图文并茂，注重实用性，突出短距离无线电测向运动的基本特点，力求理论与实践相结合，知识性与科学性相结合，既考虑技能的提高，又兼顾项目的普及，让读者掌握无线电测向运动日常训练的基本方法，同时为无线电测向指导老师和测向教练员提供系统的训练方案。

本书是我多年来在无线电测向教学训练与竞赛裁判工作中的经验总结，内容比较丰富，既可以作为学校开展无线电测向运动的教学用书，也可以作为不同人群开展户外运动和大中小学生学习无线电知识，组织无线电测向赛事和参加各类无线电测向比赛的指导用书。

本书为华南理工大学精品教材建设项目，在编写的过程中得到了广州华睿教育研究有限公司和广东智向体育科技有限公司的大力支持。感谢苏燕生老师为本书提供部分图片蓝本和书末的趣味无线电测向强手棋路线和规则，潘盈盈、翟卓然、黄梓熙同学绘制和提供了部分图片，林钢宇参与了工程训练部分的修改，研究生丰祥彬、黄家鹏、刘文尧、曾雯参与了前期的资料收集和整理工作，书中有的地方还引用了我国老一辈无线电测向工作者的研究成果，在此一并表示感谢。

尽管数易其稿，由于能力和水平有限，书中肯定还存在许多缺点甚至错误，敬请广大读者批评指正。

2024年5月于华园

目 录

单元一　了解短距离无线电测向　001

　　任务一　认识无线电测向　002
　　任务二　了解短距离无线电测向的分类　004
　　任务三　熟悉无线电测向的器材和装备　006
　　任务四　明白无线电测向的重要意义与主要价值　012

单元二　了解无线电测向技术体系　017

　　任务一　无线电测向技术的内容　018
　　任务二　无线电测向的基本原理　020
　　任务三　熟悉基本测向技术　028
　　任务四　灵活运用综合技术　033
　　任务五　信号干扰处理技术　035

单元三　无线电测向专项技术训练　037

　　任务一　无线电测向机的使用　038
　　任务二　听辨无线电信号　043
　　任务三　测向技术训练的基本步骤　048
　　任务四　测向技术训练实操　052
　　任务五　工程训练——识读电路图与元器件　059
　　任务六　工程训练——手工焊接　064

单元四　定向猎狐　069

　　任务一　了解定向猎狐　070
　　任务二　了解定向越野　073

任务三　会看定向地图　　076
　　任务四　利用定向技术前往标定区域　　082

单元五　无线电测向体能训练　　087
　　任务一　力量训练　　088
　　任务二　速度训练　　102
　　任务三　耐力训练　　108
　　任务四　柔韧性训练　　110
　　任务五　灵敏性训练　　112
　　任务六　协调性训练　　113

单元六　无线电测向不同学段体能训练要求　　117
　　任务一　小学生体能训练　　118
　　任务二　初中生体能训练　　120
　　任务三　高中生及以上体能训练　　123

单元七　无线电测向训练的调控　　127
　　任务一　无线电测向训练的基本原则　　128
　　任务二　无线电测向运动训练计划的制定　　131
　　任务三　无线电测向训练的心理调控　　139
　　任务四　无线电测向训练安全教育与损伤处理　　141

单元八　了解无线电测向竞赛规则　　143
　　任务一　无线电测向竞赛的进行方式　　144
　　任务二　大型无线电测向竞赛组织与编排　　146
　　任务三　无线电测向竞赛场地　　150
　　任务四　无线电测向竞赛的裁判　　152

参考文献　　159

单元一

了解短距离无线电测向

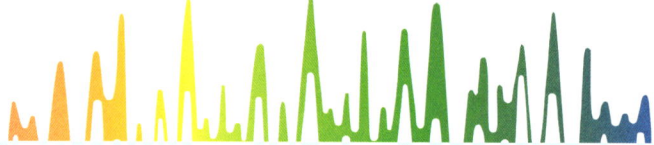

青少年无线电测向训练导引

任务一

认识无线电测向

无线电测向运动是竞技体育项目之一。它类似于我们小时候玩的捉迷藏游戏，但寻找的是能发射无线电波的小型信号源（即发射机，也称电台），是无线电信息技术与捉迷藏游戏的结合。

小型信号源

无线电测向的活动场地一般是在公园、郊野、街区、校园或旅游景区等环境优美的自然区域。事先会在活动区域内按照需要隐藏若干部连续发射固定莫尔斯电码的信号源，练习者手持无线电测向机，测出隐蔽电台的所在方向，并采用徒步与奔跑方式，在规定的时间内迅速、准确地按竞赛要求逐个找到指定的电台，以实际找台数量和搜寻时间的长短来排列名次。因巧妙隐藏起来的电台像狡猾的狐狸，所以这项运动也称为无线电"猎狐"或"抓狐狸"。

单元一 了解短距离无线电测向

孩子们在青少年时代都爱玩的"捉迷藏"

短距离无线电测向是在标准距离测向的基础上，根据我国青少年特点，专门研发的适合在公园、校园、街区、郊野等不同地域开展的无线电测向运动，是国家体育总局、商务部、文化和旅游部关于体育赛事进景区、进街区、进商圈"三进"活动的代表性体育项目。短距离无线电测向竞赛设置10部隐蔽电台，电台间距30～200米（符号：m），并在不同频率上连续自动拍发莫尔斯电码，发射功率为0.3～1瓦（符号：W）；电台标明台号，在旁边设置电子计时装置（点签器），不同组别运动员按照指定顺序依次寻找电台，全程跑动距离为1～3千米（符号：km），有效时间一般为30～40分钟。

无线电测向运动是集体能、技能、智能、战能于一体的科技体育项目。它富有挑战性，要求参与者不借助任何帮助，独立完成竞赛的全过程，并能对所遇到的困难迅速做出反应，它能提升青少年独立果断处理突发事件的能力。参加无线电测向运动，可以让青少年放下手机、远离电子产品、走进大自然、陶冶心情，可提高心肺功能等身体素质，培养青少年独立自主的意志品质。因此无线电测向运动受到了广大家长和青少年的喜爱。

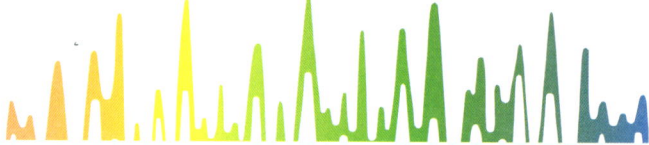

任务二

了解短距离无线电测向的分类

我国无线电测向运动形式多种多样。目前，根据比赛设项分为三类：一是80米短波波段和2米超短波波段的短距离测向，主要在地形较平坦的地区进行，各电台隐蔽距离一般为直线距离100米左右；二是部分城市开展的160米中波段测向（中短距离），在相对高度约100米的丘陵地区进行，各电台隐蔽距离一般为总直线距离2千米左右；三是目前在青少年中开展的快速测向、定向猎狐和阳光测向。

1. 短距离3.5兆赫兹（符号：MHz）波段测向

短距离3.5 MHz波段测向，俗称短距离80米波段测向，频率范围为3.5～3.6 MHz。其测向机有两根天线，具有方向性好、灵敏度高、调谐平稳、电路简单、价格便宜、安装方便的特点，非常适合在青少年群体中开展。

2. 短距离144 MHz波段测向

短距离144 MHz波段测向，俗称短距离2米波段测向，频率范围为144～146 MHz。其测向机有6根不同长度的天线，具有灵敏度高、方向性强、调谐平稳、运动性能高等特点，在短距离无线电测向中被广泛使用。

3. 快速测向

快速测向是快速无线电测向的简称，国际无线电联盟于2012年将其设置为无线电测向的正式比赛项目。快速测向一般在校园或通行性较好、适合奔跑的公园内举行，场地范围不小于2平方千米（符号：km^2）。快速测向分为快速电台发报区和慢速电台发报区，二者之间由中间通道"S"信标台连接并引导参与者。快速区和慢速区的区别在于信号源发报频率的快慢不同。每个区设置5个电台，以1分钟为一

循环发送信号,每个电台发送信号的时间为12秒。在快速测向竞赛中,参与者实际跑动的距离一般为1.5～3千米,限时30分钟,具体有效时间根据比赛场地以及寻找电台的难易程度决定。

4. 定向猎狐

定向猎狐(Foxoring)是将无线电测向与定向越野相结合的一项衍生项目。在定向猎狐中,无线电发射器发出的信号很弱,只在很短的距离内才能接收到,每个发射器的位置会在地图上用单圆圈标记。参与者首先需要借助定向地图和指北针,自行规划路线并到达地图上标定的能接收电台信号的圆圈附近,然后使用测向机开始寻找电台。

5. 阳光测向

阳光测向是阳光无线电测向的简称,源于160米波段测向,是一项为拓展学校阳光体育活动,引导学生走到阳光下、走向操场、走进大自然,利用无线电测向的简单设备而开展的集科技、娱乐、健身于一体的科技体育运动。2007年国家体育总局航空无线电模型运动管理中心在传统的无线电测向运动项目的基础上,开发了阳光测向这一项目。为节约经费,更有利于广泛开展测向活动,近年来又将80米波段作为阳光测向活动的波段。其竞赛形式有个人计时赛、接力赛、团队赛、积分赛等等。

测向小选手

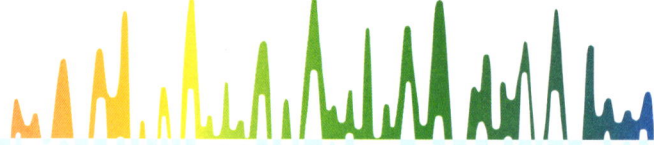

熟悉无线电测向的器材和装备

一、电台和测向机

1. 短距离80米波段信号源（图1-1）

其发射频率在3.5～3.6 MHz内选定，载波发射功率大于等于0.5 W。

2. 短距离80米波段测向机（图1-2）

其接收频率为3.5～3.6 MHz。

图1-1　短距离80米波段信号源

图1-2　短距离80米波段测向机

3. 短距离2米波段信号源（图1-3）

其发射频率在144～146 MHz内选定，载波发射功率大于等于0.3 W。

4. 短距离2米波段测向机（图1-4）

其接收频率为144～146 MHz。

单元一　了解短距离无线电测向

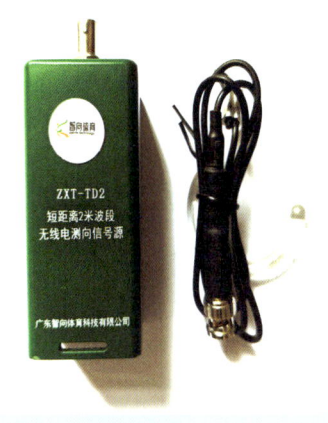 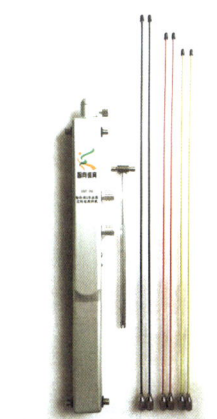

图1-3　短距离2米波段信号源　　　　　图1-4　短距离2米波段测向机

5. 定向猎狐信号源（图1-5）

定向猎狐信号源在3.5～3.6 MHz频段内拍发特定信号。

6. 莫尔斯电码练习器（图1-6）

莫尔斯电码练习器可自动连续拍发等幅电报，速度为45～75字符/分钟，具有体积小巧、性能稳定的特点，适合初学者快速掌握无线电测向所发射的电码信号。

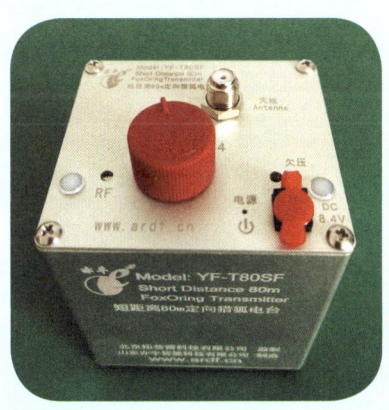 

图1-5　定向猎狐信号源　　　　　　图1-6　莫尔斯电码练习器

7. 拇指式指北针（左手）（图1-7）

拇指式指北针分度盘可以转动，佩戴在拇指上，携带方便，在定向运动及无线电测向运动中与地图配合使用。

8. 定向猎狐标图工具（图1-8）

标图工具用于在地图上测绘出隐蔽电台的方向线，完成对隐蔽电台交叉定点作业。

图1-7　定向猎狐指北针

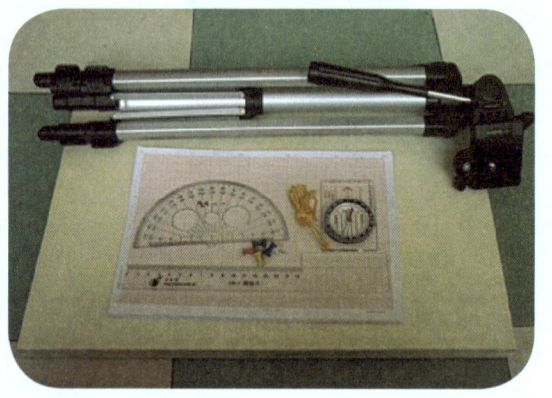

图1-8　定向猎狐标图工具

9. 阳光无线电测向信号源（图1-9）

阳光无线电测向信号源可设置短距离测向和阳光测向两种工作模式。

10. 快速无线电测向信号源（图1-10）

快速无线电测向信号源在3.5～3.6 MHz内确定4个频点和12个标示，由面板开关选定所需发射频率和标示。

11. 头戴式双耳机（图1-11）

头戴式双耳机用于接收信号声音。

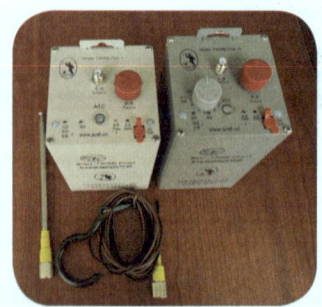

图1-9　阳光测向信号源

图1-10　快速测向信号源

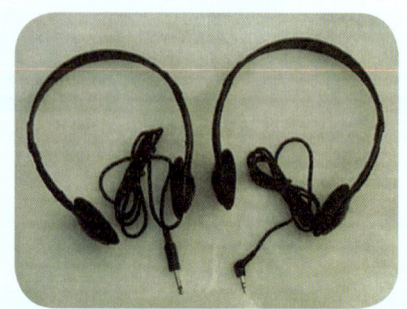

图1-11　头戴式双耳机

单元一 了解短距离无线电测向

二、电子发令器

电子发令器（图1-12）适用于无线电测向、定向运动、现代五项、自行车、赛车、滑雪等项目的竞赛，分0.5分钟、1分钟、2分钟、3分钟、4分钟、5分钟六挡循环发令方式。

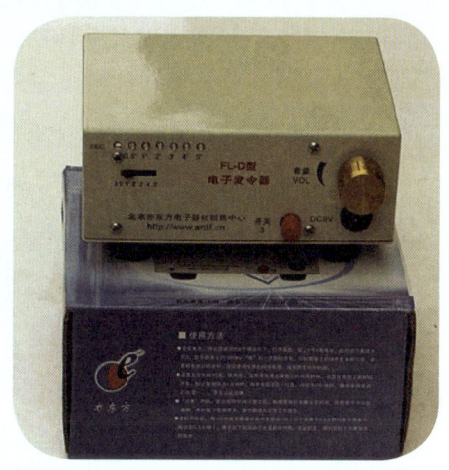

图1-12 电子发令器

三、电子打卡计时系统

无线电测向电子打卡计时系统（图1-13）由指卡、点签器（清除站、起点站、终点站、一般站、主站等）、终端打印系统构成。

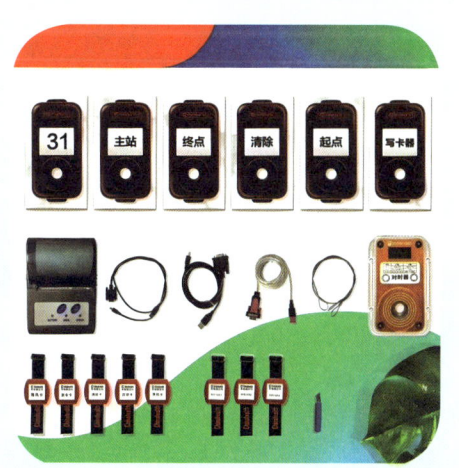
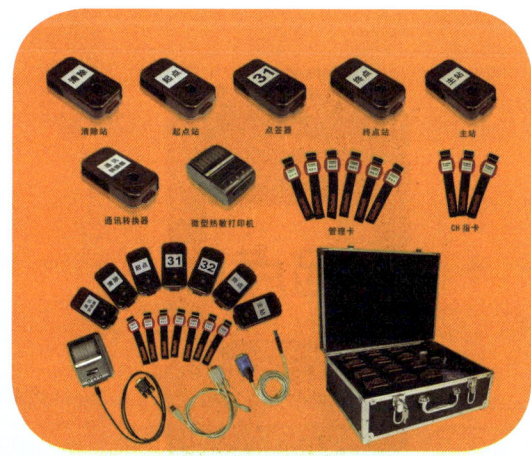

图1-13 无线电测向电子计时系统

1. 指卡

指卡（图1-14）用来记录运动员是否到访电台，以及到访电台的时间和顺序。

2. 点签器

点签器包括清除站、起点站、终点站、主站（成绩输入）、一般站。

图1-14　指卡

（1）清除站（图1-15）。用于指卡内的陈旧数据清理，使指卡处于零资料状态，便于点签器资料的输入。

（2）起、终点站。起点站（图1-16）用来重置或启动运动员的指卡。参与者听到出发信号后将指卡按打卡要求放置在起点点签器上，听到"嘀"的声音时即启动并记录出发时间。终点站（图1-17）则是用来终止比赛的指卡时间，当到达终点并进行终点站打卡，则表示参与者完成整个测向比赛活动，指卡中记录相应的完成时间。

图1-15　清除站

图1-16　起点站

图1-17　终点站

（3）一般站（图1-18）。用于测向活动中的各个信号源的打卡点，站点上都有相应的数字或字母表示信号源的台号。当参与者使用指卡打一般站时，一般站会把数据传输到指卡内，以记录到访时间和打卡点数据。

（4）主站（图1-19）。主站设置在成绩统计区域（简称"成统区"），与电脑连接在一起。当参与者到达成统区后，将指卡放置在主站打卡，数据会通过主站传输到电脑中，用以计算成绩和阅读指卡内全部数据。

图1-18　一般站

3. 使用方法

运动员应将指卡佩戴在手指上，并按以下程序进行打卡：

（1）出发前打卡"清除"，清除卡中原有的数据。

（2）出发时打卡"起点"，比赛开始计时。

（3）比赛途中按比赛要求找到每一个电台附近的打卡点，并在相应打卡点的点签器（即一般站）上打卡，读取到达该电台的时间。

（4）到达终点时，在"终点"点签打卡，比赛即结束。

（5）到"主站"上打卡，领取个人成绩条。

图1-19　主站

任务四

明白无线电测向的重要意义与主要价值

一、重要意义

无线电测向不是简单的在固定场地上或野外的单一奔跑，也不是和其他科技活动一样的纯室内制作，而是将理论与实践、动手与动脑、室内与室外、体能与智力充分结合，将科技、健身、休闲、娱乐有机地融为一体的运动。它能够开阔视野、增长知识、增强体魄、磨炼意志、培养独立思考和分析判断能力，促进青少年德、智、体、美、劳全面发展，可以进一步丰富学校的第二课堂。

无线电测向作为一项科技体育竞技项目，是现代无线电通信技术与捉迷藏游戏的结合，具有独特的魅力和启智特点。它对学生学习电子科学知识、无线电常识、无线电工程制作，以及培养良好的逻辑思维与识图越野能力、中长跑能力、野外生存生活能力都有着十分重要的作用。

无线电测向运动能让参与者回归自然、挑战自身极限，达到人与自然和谐共处、身心与环境融合，在大自然中把握自己，克服各种困难，独立完成使命的目的。

无线电测向运动要求团队人员凝聚力强，共同完成任务；需队员之间默契配合，发挥奋力拼搏、共创辉煌、共同摘取集体荣誉的精神，可培养青少年团结协作的团队精神。

单元一　了解短距离无线电测向

二、主要价值

1. 思政价值

任何体育比赛都有严格的竞赛规程和竞赛规则。无线电测向运动由于在环境、条件和比赛方法上的特殊性，在进行思政教育和培养道德品质方面，具有其独特的作用。

在无线电测向比赛中，参加者在判定方向、选择行进路线以及寻找每一个电台中都来不得半点马虎和丝毫的投机取巧，成功与失败之间可谓泾渭分明。因此，只有发扬坚定、细致和诚实的精神才能完成任务并取得成功。当遇到困难时，就要以十倍的信心和百倍的勇气千方百计地去克服它。当体力不支，感到难以支撑下去时，唯一的选择就是咬紧牙关、坚定信念，不断鼓励自己，使出全身的力气，发扬顽强拼搏、不达目的决不罢休的精神，只有坚持下去，才能到达胜利的彼岸。同时，还要发扬团队精神和集体的力量，尊重同伴，相互鼓励、支持和帮助。除此之外，无线电测向运动还能培养参与者对陌生环境的适应能力，并且徜徉于优美的赛场环境中，将会激发其对祖国大好河山的深深热爱和保护环境的意识。

2. 健身价值

无线电测向是健身价值较高的运动项目，系统地参加无线电测向运动，可以起到强身健体、增强体质的作用，提高人体基本运动技能，促进青少年健康成长和各器官、系统机能的发育，全面提高速度、力量、耐力、灵敏性、柔韧性、协调性等身体素质。青少年参与无线电测向运动，也可为中考体育取得优异成绩打下坚实的基础。

无线电测向主要是在户外进行，清新的空气、茂密的森林、蜿蜒崎岖的道路都会带给人们新鲜感和神秘感，这

种感觉会强烈地刺激人的大脑，提高大脑皮层的兴奋感，有效激发人体的运动系统、循环系统、呼吸系统以及内分泌系统的潜能。在长时间接受日光、风雨等自然环境的磨炼后，人体对外界环境变化的适应能力会大大提高。

3. 竞技价值

竞技体育是当今社会文化生活不可缺少的组成部分，每年举行的国际、国内无线电测向竞赛很多，除常规的世界锦标赛、亚洲锦标赛、全国锦标赛以外，又增加了公开赛、冠军赛等各类比赛。无线电测向竞赛是竞技体育中科技元素含量较高的项目。无线电测向的竞技性、趣味性和科技性是吸引人们欣赏该项运动的主要原因。另外，无线电测向运动体现出来的挑战性、益智性、神秘性，对提高无线电测向运动的商业价值、激活无线电测向竞赛市场、促进无线电测向竞技水平提高和推广具有积极的推动作用。

4. 教育价值

无线电测向运动已成为进行思想教育与心理训练的一种有力手段。在无线电测向教学、训练和竞赛中，参加者既可以在动手、动脑中提高心智，又需要在奔跑中承受一定的生理、心理负荷，还必须遵守一定的纪律和规则，爱护公共财物，这样有利于良好思维、勇敢顽强和吃苦耐劳、遵纪守法等优良品质的养成。例如，判断方向有利于培养坚决果断的品质，赛场众多信息需要参与者相信自己的判断力而不受外界的误导。短距离跑有利于培养勇往直前的意志品质，长距离跑有利于培养坚韧毅力与吃苦耐劳的品格，接力比赛有利于培养集体配合、协同作战的团队精神。

单元一　了解短距离无线电测向

5. 益智价值

无线电测向常常在陌生的地点（区域）进行。参赛者首先要掌握无线电基本知识，学会收听电台信号，测定电台方向线，并进行快速判断。知识和技能掌握得越好，分析、判断、应变能力越强，则越容易成为活动和比赛的强者。通过无线电测向的学习、锻炼和比赛，可增长相关学科，如物理学、电子学、地理学、测绘学、军事地形学等方面的基本知识及实际应用能力。

6. 娱乐价值

无线电测向类似于众所周知的"捉迷藏"游戏，找台过程的趣味性、电台设置的隐蔽性、找台难度的挑战性、独立找到电台的成就感，可以激发参与者的运动兴趣，减少在家中使用其他电子设备的时间，使身心都得到健康发展。

7. 社交价值

体育比赛既是一种对抗，更是一种交流和交往。青少年是无线电测向的参与主体，在平时的训练和比赛中，运动员都来自不同学校、不同地区，社交面非常广泛，能达到增进友谊、结识朋友、提高社交能力的目的。

8. 科普价值

无线电测向涉及物理学、教育学、体育学、电子信息等方面的知识和技能。通过无线电测向运动，可以学习和了解电子科学知识、无线电常识，独立完成无线电工程制作,学会识图越野,有利于无线电科普活动的开展,激发学生对科学知识的学习兴趣,培养创新创造思维。

9. 经济价值

无线电测向运动涉及无线电器材装备的生产与销售、竞赛场地的选择与布局、无线电测向俱乐部的建设等。随着无线电测向赛事"三进"活动的开展,无线电测向活动可促进相关行业与产业的发展。目前我国的无线电测向运动仍处于推广和发展的阶段,其经济价值还未得到充分挖掘和发挥。但随着我国经济的快速、健康、持续发展和社会的不断进步,无线电测向运动将会得到进一步的推广与普及,其经济价值也会随之显现。

10. 绿色低碳价值

无线电测向运动以徒步奔跑的形式在公园、郊野、街区、校园或旅游景区等优美的自然环境中进行,可让人们自觉爱护自然、保护自然,达到人与自然的和谐统一,实现绿色低碳环保的价值。

单元二

了解无线电测向技术体系

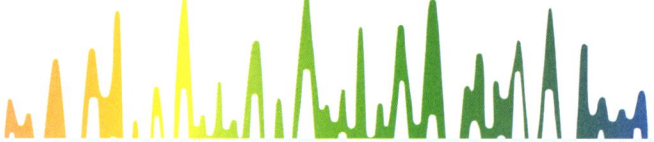

青少年无线电测向训练导引

任务一

无线电测向技术的内容

无线电信息技术是一项科技含量很高的应用技术，而无线电测向运动则是将科技与体育密切结合的运动。在1959年9月的第一届全国运动会上，无线电收发报是大会的36个比赛项目之一。此后，经过广大无线电工作者的努力，在1987年11月举行的第六届全运会上，无线电测向运动被列入正式比赛项目。此后的一段时间里，由于《奥运争光计划》的实施，无线电测向运动退出了全运会的舞台。2023年10月，在健康中国建设、全民健身运动的背景下，无线电测向运动被列为2025年第15届粤港澳大湾区全运会群众体育比赛项目，无线电测向再次重返全运会舞台。

无线电测向运动与田径、游泳、球类等其他项目一样，是一项竞技性很强的运动，它有一套完整的竞赛规则和裁判法则，有系统科学的训练手段和技战术体系。

短距离无线电测向是老一辈测向工作者根据我国青少年特点开发出来的一个新的竞技项目，对练习者的综合素质要求比较高，不但需要良好的身体素质，还要反应敏捷、快速判断；具有找台顺序要求高、连续找台数量多、快速转换时间短的特点。因此，短距离无线电测向运动既要求运动员素质发

单元二　了解无线电测向技术体系

展全面、体力充沛、奔跑速度快，还要求运动员掌握系统的无线电测向技术。

无线电测向技术包括以下四个方面：

（1）熟练使用测向机。掌握正确的持机方法、收测电台信号技术以及熟悉测向机的性能。收测电台信号技术包括信号的辨认、调谐和抗干扰接收，测出电台方向线等；掌握测向机性能包括学会使用增益旋钮和衰减开关，了解测向机一般检查和简单故障的应急处理方法。

（2）基本技术：包括测向技术、站立点到电台之间的跑位、确定电台位置和越野技术。测向技术又包括原地和移动中测记电台方向线，参照实地方位物按方向线前进，利用测向机的音量、指向、强度变化等判断大致距离和电台设置位置（如高低、向背），近台区技术（如方向跟踪、交叉定点、比音量、无信号找台、搜索等），测向点的选择，识别和排除环境等因素对方向的影响等内容；越野技术包括野外奔跑技术和体力分配，选择道路的方法等。

（3）专项技术：包括快速转换电台频率、到位技术、连续寻找指定电台和短距离按顺序快速找台技术等。

（4）综合技术：综合运用各种技战术，恰当分配体力和调整竞技状态以及进行心理调控等。

019

无线电测向的基本原理

无线电测向是依据电磁波传播特性，使用测向机测定无线电波来波方向的过程。测定"来波方向"，是指测向机所在位置电波的来源方向。无线电测向的最终目的是要确定"辐射源的方向"和"辐射源的具体位置"。因此，测定电波的来波方向，往往需要在不同位置进行测向，用各站立点的示向度（线）进行交会。

一、无线电波

无线电波属于电磁波的一种，它可直接在空间辐射传播，在均匀介质（如空气）中具有直线传播的特点。因此，只要确定出电波传播的方向，便可确定发射台所在的方向。无线电波的频率范围很宽，频段不同，特性也不尽相同。我国目前开展的短距离无线电测向涉及二个频段：一是频率为3.5～3.6 MHz的短波波段，其波长为83.3～85.7米，被称为80米波段测向；二是频率为144～146MHz的超短波段，其波长为2.055～2.08米，称为2米波段测向。

二、无线电波的发射

无线电波需要通过天线发射，在空间传播。当电流在天线中流动时，天线周围的空间不但产生电力线（即电场），同时还产生磁力线。其相互间的关系如图2-1所示。

如果天线中电流改变方向，则空间的电力线和磁力线方向随之改变。如果加在天线上的是高频交流电，由于电流的方向变化极快，根据电磁感应的原理，变化的电场在其周围产生变化的磁场，而变化的磁场又产生变化的电场。这样，变化的电场和磁场在外层空间相互激发，交替产生，不断地向外扩散，天线中的高频电能就以变化的电磁场的形式传向四面八方，无线电波传向远处，实现无线电波的发射。

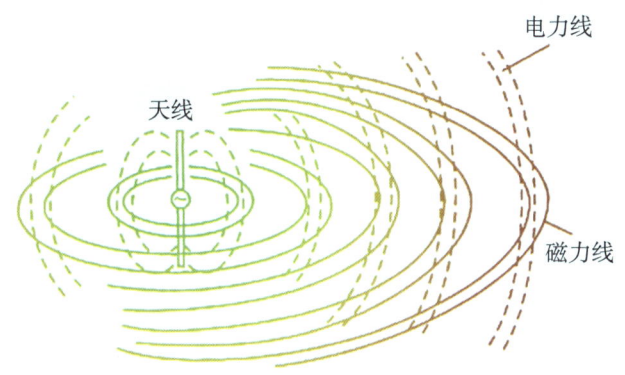

图2-1 无线电波示意图

三、无线电波的极化

上述交变电磁场在其附近空间又激起新的电磁场，电场的方向是按一定的规律而变化，这种现象称为无线电波的极化。在空间传播的无线电波都是极化波，当天线垂直于地平面时，天线辐射的电波的电场方向垂直于地平面，称垂直极化波。当天线平行于地平面时，天线辐射的电波的电场方向平行于地平面，称水平极化波。

无线电测向竞赛规定，160米波段、80米波段、短距离2米波段测向使用垂直极化波，标准距离2米波段测向使用水平极化波。

四、天线

人们常用"狐狸的尾巴藏不住"这句话来形容隐蔽事件的破绽之处。隐蔽电台也有一条藏不住的尾巴——发射天线。因为无论将电台如何隐藏，天线终究要伸向空间，因此运动员可以依靠手中测向机的指引将隐蔽电台找到。由此看来，无论是发射机还是测

向机，都有一个极其重要的组成部分，即天线。

天线是一个能量转换器，它可将发射机馈给的高频电能转换为向空间辐射的电势能，也可将空间传播的电磁能转换为高频电能输送到接收机，前者称为发射天线，后者称为接收天线。发射天线和接收天线的主要参数和特性都是相同的，例如，某根天线用作发射天线时，它向某一方向辐射的无线电波最强，而当用作接收天线时，它同样也是对这个方向来的无线电波接收最强，这说明发射天线和接收天线具有可逆性。在实际使用中，同一根天线既可用作发射天线，也可用作接收天线。

1. 天线的方向性

天线按其方向性可分为全向性天线和指向性天线。全向性天线其电磁场的辐射能量在每一个方位都一致。指向性天线只能用于一定的方位，即向空间某特定方向辐射电磁波或者有效地接收空间某特定方向的电磁波。也就是说，指向性天线向空间辐射无线电波时，并不是向任何一个方向辐射的强度都一样，而是在某一特定方向辐射能量最强。无线电测向中使用的天线都是指向性天线，具有方向性。

2. 无线电测向中常用的几种天线

（1）直立天线，是指与地面垂直的天线。它可分为对称和不对称两种。我们通常提及的直立天线多指不对称直立天线，图2-2是最常用的直立天线，它的最大辐射方向集中于地面，它在水平面辐射强度相同，方向图为圆形，无方向性。

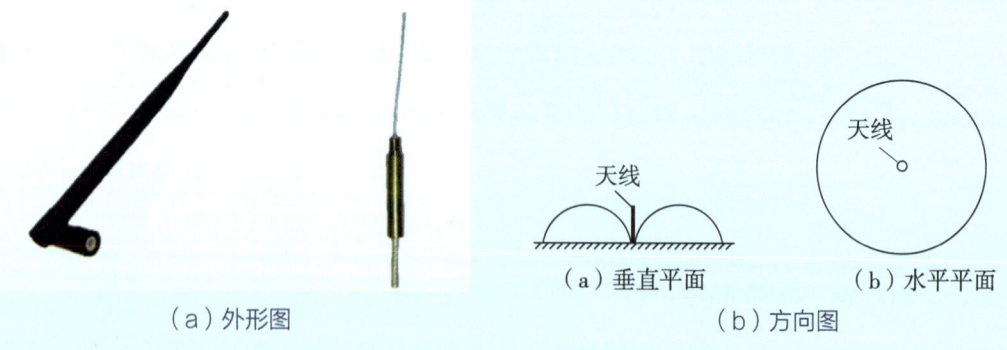

图2-2　直立天线

直立天线结构简单，容易架设，在长波、中波、短波和微波等很宽的频率范围内均可使用。80米波段信号源多采用这种天线。它的优点是天线长，发射效率高，可按实际环境灵活架设，便于隐蔽。

单元二　了解无线电测向技术体系

（2）环形天线。将导线绕成环形、框形、菱形等形状，并在两端馈电的天线，叫作环形天线（见图2-3）。这种天线尺寸很小，辐射效率低，通常只作接收使用，主要用于长波、中波和短波波段的测向。在测向运动发展的初期，它被广泛应用在80米波段测向机上。由于其测向效果一般，目前在国内无线电测向中很少使用。

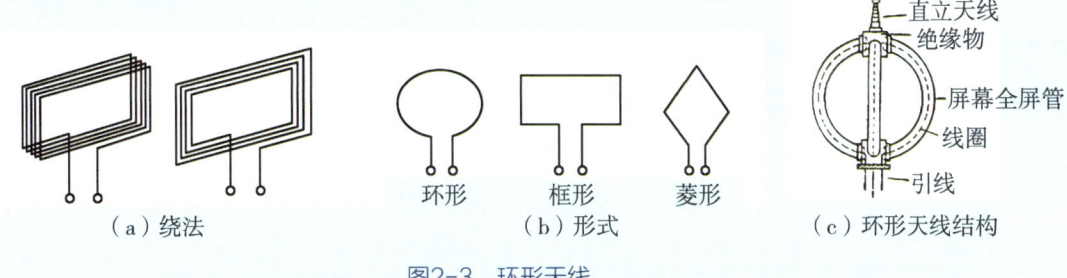

图2-3　环形天线

（3）磁性天线。将线圈绕在铁氧体制成的磁棒上的天线，叫磁性天线（见图2-4）。磁棒具有非常优良的导磁作用，使得很小体积的天线就可获得较高的效率，下面将着重对其进行介绍。目前国内短距离80米波段测向机都采用这种天线。

图2-4　磁性天线

（4）八木天线。八木天线（见图2-5）是八木宇田天线的简称，它被人们所熟悉是早期架设在室外用作电视接收天线。八木天线并不是有八根钢管，而是用发明人的名字八木宇田来命名的天线。它制作简单，架设容易，具有方向性很强的特点，是目前短距离2米波段测向较为理想的测向机天线。

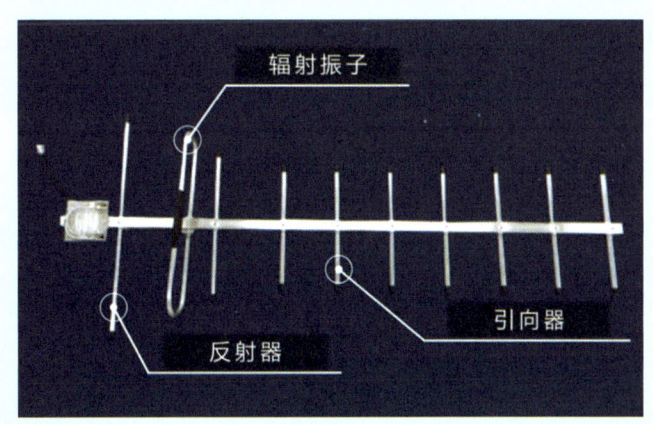

图2-5　八木天线示意图

八木天线由1个有源半波振子（辐射振子）和1个或若干个无源振子（反射器和引向器）组成。有源半波振子经馈线与发射机或接收机连接，将电路中的电流能量转化为空间中的电磁波；反射器的臂长稍长于有源半波振子，将辐射到天线背面的电磁波反射到天线正面；引向器的臂长稍短于有源半波振子，将辐射振子向四周辐射的能量进行导向和引流，使大部分电磁波能量向着引向器指定的方向辐射。此天线的最大接收方向是引向器所在方向，引向器数目越多，方向线越尖锐。

八木天线根据振子的多少分为二元八木天线、三元八木天线和多元八木天线等多种。对于测向天线来说，引向器为1～2个较适宜（三元或四元天线），因为五元以上的天线，在运动中携带很困难。图2-6为三元八木天线的外形图，它的最大接收或辐射方向是引向器的引伸方向。其方向性强弱取决于引向器的数目和各单元振子的尺寸、间距等，典型的方向图如图2-7a所示。当各单元的长度与间距不同时，则形成图2-7b的方向图。此时主瓣尖锐，副瓣也较为明显了。图2-8为测向运动中实际使用的三元八木天线的尺寸及实测方向图。

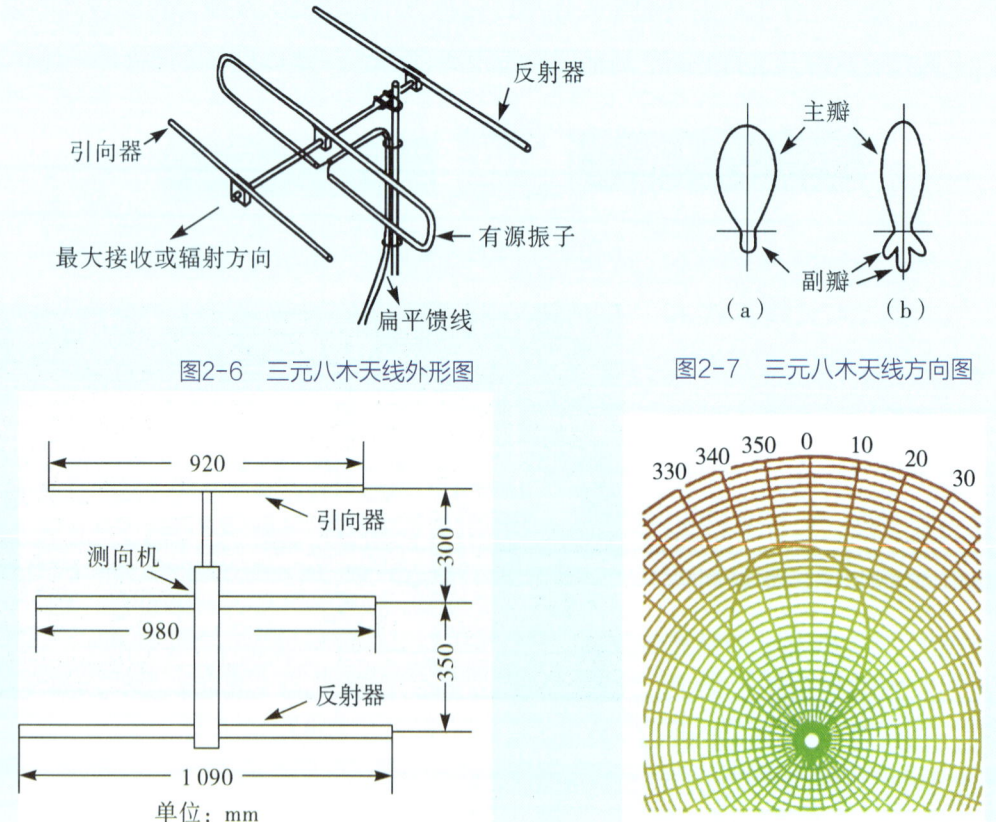

图2-6　三元八木天线外形图

图2-7　三元八木天线方向图

图2-8　三元八木天线的尺寸及实测方向图

3. 磁性天线

在用小型晶体管收音机收听中波广播时，常常会有这样的现象：收音机在某个方向时声音小，转动一个角度后，声音却变大了。其原因就在于收音机采用了具有方向性的天线——磁性天线。测向时，运动员借助测向机的磁性天线以及与它们相配合的直立天线来确定电台的方向。

（1）磁性天线的结构。测向用的磁性天线由磁棒、绕在磁棒上的天线线圈、引线及屏蔽罩等组成，其结构如图2-9所示。磁棒由铁氧体软磁材料制成，具有较高的导磁率和电阻率，在高频磁场中损耗较少。

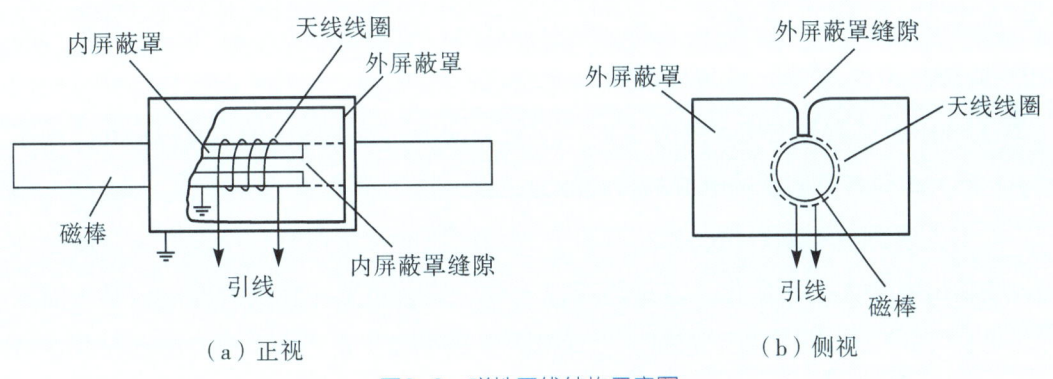

图2-9 磁性天线结构示意图

磁棒的截面有扁形和圆形两种。扁形的占用空间小，多用于小型收音机中；圆形的机械强度高。测向天线一般都选用直径为10毫米、长度为100～120毫米的磁棒。

（2）磁性天线的工作原理（"双向"测定）。磁性天线的方向性，可利用磁棒聚集磁力线的特点来理解。

我们来看图2-10，这是将磁性天线平行于地面放置，并接收垂直极化波时的俯视图。电波从左向右传播，其磁场方向必定垂直于电波传播方向并与地面平行（如图中虚线所示）。θ为磁棒轴线与电波传播方向的夹角，磁性天线的输出电势$e_{磁}$会随θ的变化而变化。

当磁棒轴线与电波传播方向平行时（$\theta=0°$，$\theta=180°$），磁场方向与磁棒垂直，磁力线无法顺着磁棒穿过线圈，线圈感应电势为零，即$e_{磁}=0$。当磁棒轴线与电波传播方向垂直时（$\theta=90°$，$\theta=270°$），磁场方向与磁棒平行，磁棒

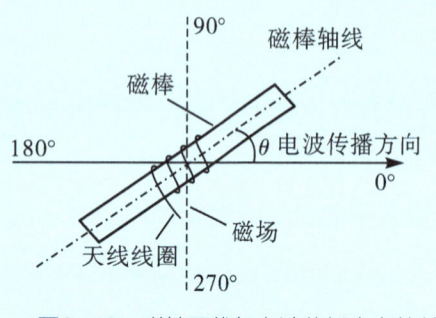

图2-10 磁性天线与电波传播方向的关系（俯视图）

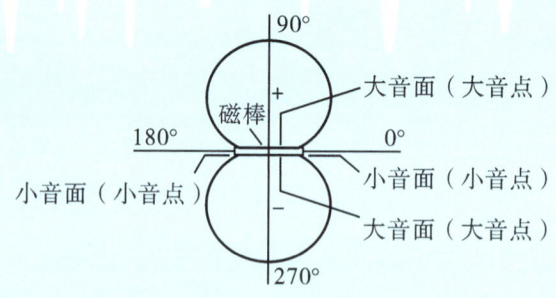

图2-11 磁性天线方向图（俯视图）

聚集最多的磁力线通过线圈，线圈中的感应电势最大。当磁棒轴线与电波传播方向成其他角度时，多少会有一部分磁力线通过磁棒，天线有电势输出。θ愈接近0°或180°，$e_{磁}$愈小；θ愈接近90°或270°，$e_{磁}$愈大。$e_{磁}$随θ的变化情况可用图2-11表示，这就是磁性天线的"8"字形方向图。若将磁棒的位置标示在方向图中，此天线对各方向来的电波的接收能力也就一目了然了。

  由上述分析不难看出，当用耳机作为测向机的指示器时，所发声音会随磁性天线输出电势大小而变化。若旋转磁性天线一周，当磁棒轴线对准电台时（即图2-11中的0°和180°两个方向），耳机声音最小或完全无声，此时磁性天线正对着电台的那个面，称小音面或小音点、哑点；当磁棒轴线的垂直方向对着电台时（即图2-11中的90°和270°两个方向），耳机声音最大，此时磁性天线正对着电台的那个面，称大音面或大音点。所以，在测向运动中，只要旋转测向机的磁性天线，找出"哑点"（或小音点），发射台必定位于磁棒轴线所指的直线上；或找出大音面，发射台必定位于与磁棒轴线相垂直的方向上。也就是说，利用磁性天线可确定电台所在的直线，但不能确定在直线的哪一边，这就是通常所说的测"双向"。

4. 单向天线

  具有双值性的测向机在实际测向运动中是不能使用的。为了使运动员在任何一个测向点，都可获得电台明确的"线"和"面"，就要求测向机天线具有单值性。

  磁性天线和直立天线组成的复合天线，具有单方向性的特点。

前面已经讲到，直立天线的方向图为圆形，磁性天线的方向图为8字形，将它们复合后得到的方向图如图2-12所示，为一心形方向图。当磁性天线转动一周，只有一个方向（即转动到270°时）信号消失，也只有一个方向（当转到90°时）信号最强。这样就克服了磁性天线的双值性，获得了单方向性能，即单值性，所以把信号强的这个面叫单向大音面，简称大音面，利用大音面就可直接定位出电台在哪一边，也就是我们通常所说的测"单向"。

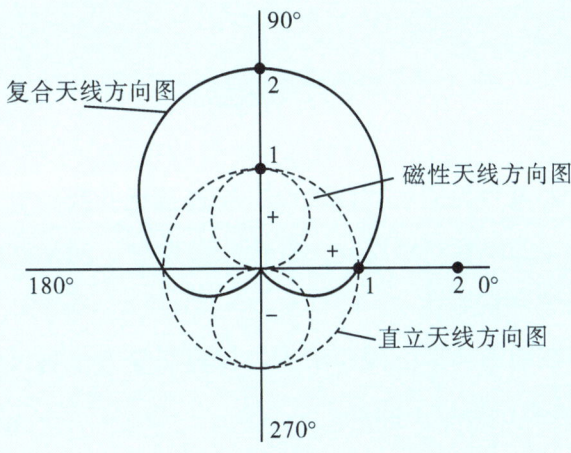

图2-12　单向天线心形方向图

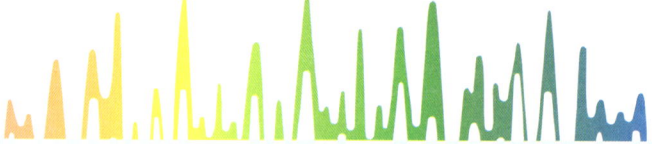

熟悉基本测向技术

一、方向跟踪法

沿测向机指示的电台方向，边跑边测，快速接近并找到电台的方法叫方向跟踪法。方向跟踪法又分小音点跟踪与大音面跟踪两种，80米测向以小音点跟踪为主，2米测向以大音面跟踪为主。

方向跟踪法多在地形简单、障碍较少、没有明显方位物，并在电台信号稳定的情况下使用，具体方法有以下两种。

1. 直接跟踪

当在近台区内收到电台信号时，用双向小音点（适用于短距离80米波段、160米波段阳光测向）或单向大音面（适用于短距离2米波段测向）跟踪。开始测单向时，天线应转动一周，找出真正的主瓣（切记不要把副瓣当主瓣，否则会向相反方向跟踪），测出电台方向线。沿方向线边快速奔跑，边摆动测向机，不停地校正方向（注意随时调小音量）直至接近电台（见图2-13）。

图2-13 直接跟踪跑台示意图

采用直接跟踪，运动员不会绕弯路，这样接近电台的速度快。但有两点需要注意：

第一，直接跟踪时容易出现从电台附近跑过而并未觉察的情况。这时运动员

单元二　了解无线电测向技术体系

虽已跑过电台，但仍处在原测方向线的附近，测向机指示的方向线并没有多大变化，如不能及时发现，就成为反方向跟踪，越过电台越跑越远，直至耳机中音量明显减弱时才会发觉。避免的办法有两个：一是在跟踪过程中打几次单向，判断大音面是否已转向到了后面；二是跟踪速度不要一味求快，以摆动测向机时不失去方向线为度。

第二，直接跟踪时，行进过程中要注意转动手中的测向机，测出不同站立点的电台方向线，找准方位物，记清方向线，以便沿线搜索。

2. 弧形跟踪

弧形跟踪也叫包抄验证跟踪。在音量陡增或接近可能藏有电台的区域时，并不直接冲向电台，而是顺势从电台及可跑区域侧面迂回包抄，并不停地用双向法交叉定位，在确认并验证电台位置后再行接近和搜索（见图2-14）。

图2-14　弧形跟踪跑台示意图

显然，弧形跟踪接近电台的速度比直接跟踪慢。这种方法的好处是不会越过电台反方向跟踪，从而缩短找台时间。

弧形跟踪中要注意斜向插出点的选择。插出过晚，其实质就是直接跟踪；插出过早，便很难形成交叉。

二、交叉定点法

当确定自己已处于近台区且被测电台信号明显稳定时，在不同的测向点测出两条或两条以上的方向线，依靠方向线交点确定电台位置的方法叫作交叉定点法。

在距离电台比较近时，利用这个方法效果明显。

具体方法如图2-15所示，运动员在A点测出一条方向线，记住这条线上前方的方位物，再沿图示方向（与A点方向线约成30°）跑至B点，用双向（此时已无须再测单向）即磁棒轴线对准刚才测出的由A点出发的射线，转动测向机，测出另一条方向线。两条方向线的交点即为电台位置。因两条线的误差较大，定点的误差也大，还应继续沿与B点方向线成约30°角的方向跑至C点，测出C点位的方向线，实现多点交叉。三条方向线的交点即为电台的大致位置，如果两个交点重叠，则测出的电台位置更精准。图2-16为交叉定点跑位示意图。

图2-15 交叉找台示意图

图2-16 交叉定点跑位示意图

三、比音量法

在距离电台很近时，利用测向机音量随距离产生变化的特性确定电台位置的方法，称作比音量法。比音量法适用于出现干扰造成测向机指向不清，以及距电台数米内测向机失去方向性的情况。

由于在短距离2米波段近台区测向比短距离80米波段测向容易，也较少出现方向混乱的情况，因此，比音量法主要用在80米波段测向中。下面介绍短距离80米波段测向中比音量的两种方法。

1. 跑音量

跑音量是当到达近台区附近，信号受到严重干扰、方向线十分混乱，或者无法测出方向线的时候才会使用的一种方法。具体步骤为：将测向机置于胸前，磁棒轴线与人体平面垂直，直立天线不要抽出，音量关小，在可疑区反复奔跑（测向机不要摆动），通过比较，找出音量突起处。然后再用下面提到的"扫音量"法，判定电台的具体位置。

2. 扫音量

扫音量是在距离电台数米内，因信号强度猛增，无法分辨双向小音点，也就是说测向机失去了方向性时使用的一种方法。具体操作步骤为：将测向机直立天线抽出，按下单、双向开关，使测向机处于测单向状态，在收到被测电台信号后，将机臂伸长向周围做弧形扫动，测得音量最大的方向，并沿此方向边扫边前进，直至接近电台（图2-17）。动作同短距离2米波段测向时的方向跟踪相似。所不同的是这种方法不能快速奔跑。另外，也可用直立天线的顶端向可疑区靠近，当接近发射天线时，测向机音量会发生突变或啸叫。如果电台

图2-17　80米波段扫音量

天线处于许多"假天线"之中时，用这种方法甚至能判断出哪一根是真的发射天线。但这种方法只是在距电台数米以内，测向机失去方向性时的一种辅助办法，在实际测向中，只要测向机不失去方向性，仍应以测线定位为好，尤其在距电台10米以外不能使用。

四、快速搜索

搜索是即将找到电台前的辅助手段，是在确定了电台的"位"和"线"后，立即到"位"或顺"线"拨开各种伪装找出电台，并在点签上打卡的方法。

搜索时有以下几点需要注意：第一，要看清"位"，走准"线"，力求一次搜索成功。第二，考虑到各种误差因素，当第一次搜索扑空时，不要慌乱，应在"位"的周围，由点到面逐步扩大搜索范围，防止没有目的地乱跑。第三，搜索中，一定要做到冷静（注意力集中）、认真（不马虎，草率）、有条理（有头绪，不重复）和全面仔细（眼观六路，不漏过任何"蛛丝马迹"）。第四，防止主观臆断。那种离开自己测的线和定的位，凭"想当然"到处乱搜的做法是测向者之大忌。此外，搜索中还应尽可能利用客观条件，例如，短距离2米波段电台较小，放置时一般距离地面为1.5～2米；短距离80米波段电台虽放置于地上，但架设的垂直天线有2米左右高。因此，先找天线，注意天线的架设情况，以及注意观察前面出发的测向运动员留下的脚印等，可以较早发现电台具体位置。

单元二　了解无线电测向技术体系

灵活运用综合技术

在无线电测向比赛和训练中，常常是依照具体环境、道路、电台隐蔽程度和电波受干扰情况进行穿插配合，灵活运用测向技术。单纯使用某种方法，都有一定的局限性。如方向跟踪法，在距电台10米左右，因信号强度猛增，小音点范围逐渐变小，甚至消失，很容易失去方向；比音量法在距离电台10米以外，难以精准定位；交叉定点法在100米以外很难定位准确，且移动距离太大，既浪费时间，又消耗体力。如果这些方法综合运用，就能收到取长补短的效果。例如，近台区地形简单，可采用方向跟踪与比音量相结合的办法。首先用方向跟踪，快速接近电台；一旦耳机里声音有突起现象，就使用比音量方法，沿原方向继续向前跑，边跑边注意音量变化情况，待跑过电台几步，音量明显下降时，那么何处音量最大则已心中有数，这时再回过头来，在音量最大处搜索就能收获"猎狐"的成果。记住：千万不要音量一大就马上搜索，这样很容易造成过早搜索而耽误时间。

再如，若近台区地形复杂，可采用方向跟踪、交叉定点相结合的方法。先用方向跟踪接近电台，再根据地形情况，选择适当站立点交叉定位。在方向跟踪时，如果突然遇到障碍，就可采用边绕障碍边利用绕行路线进行60°左右的弧度交叉测向，如图2-18所示。

图2-18 弧度交叉测向

交叉定点、方向跟踪、比音量和无信号找台这几种方法都是为了接近电台并确定其位置，最终还是要靠搜索才能达到找台的目的。无论采取哪种方法，其主要任务都是为了最大限度地缩小对电台的搜索范围。因此，搜索范围的大小就成了衡量测向运动员近台区技术掌握程度的主要标志。初学者的搜索范围自然要大一些，而技术成熟的运动员，搜索范围会缩小在10米以内。初学者为尽快达到这一水平，不要过早地参加全过程训练，应对测向技术的基本方法分单项进行反复练习，在单项方法熟练掌握的基础上，再综合运用基本方法开展连续找台训练。

单元二　了解无线电测向技术体系

信号干扰处理技术

在无线电测向训练和比赛中，受比赛区域磁场环境或者场地障碍和距离等诸多因素影响，无法有效收听到所找电台的信号或信号时断时续，此时需要灵活运用信号干扰处理技术。

当明白自己要收听某个电台而始终捕捉不到该台信号时，有可能是该处站立点受到地形或磁场的影响而使无线电波受到了干扰，此时应将调谐旋钮固定在测向机该台频率位置，然后退出当前区域，转移到下一个站立点，当在移动过程中听到耳机里出现该台呼号时，立即减缓行进速度，并及时锁定该台呼号，进行测向。

当电台信号受到干扰，耳机信号断断续续时，需要尽量测出（并记住）一条准确的方向线（为提高测向精度，最好停下来测记，然后按方位物或指北针的指引沿方向线或方位角搜索电台）。搜索中应尽量走在方向线上，当遇到无法通过的障碍时，应记住障碍物前面方向线上的一个明显标记，再绕道到达该标记处，继续顺原方向线搜索，必要时可用指北针校正方向。顺"线"搜索范围的控制，应建立在正确的估计台距上，这种估计往往是80米波段较准而2米波段较差。估计正确可缩小搜索的纵向范围，提高抗信号干扰找台的速度。

顺"线"搜索时，考虑到测向误差，需随着距离的增大对"线"两侧的搜索范围逐步扩大。

在搜索区内，对一切可隐藏电台的地方都要仔细察看，不能错漏一处可疑点。如果地形条件许可，而且估计电台不太远，可在信号稳定的情况下提前进行交叉定点，尽可能获得一个大致的"点"，因为到"点"搜索远比顺"线"搜索更为有利。

运用信号干扰处理技术找台成功的关键是：

（1）力求在信号稳定时定出"点"和"块"，至少定出"线"。

（2）在信号断断续续时要测准、记清方向线（或方位角）并准确估计台距。

（3）无信号情况下要练好在方位物不明显和视线不良的地域沿方向线前进跑动调台的能力，只有这样才能顺线或沿方位角进行搜索。

技术较熟练的运动员在有信号干扰时应提前预判并及时争取捕捉到信号或到达电台，尽可能避免长时间原地调台。

单元三

无线电测向专项技术训练

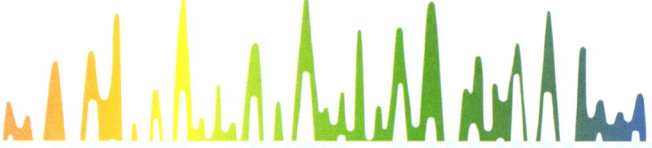

任务一

无线电测向机的使用

一、测向机各旋钮开关的功能

1. 频率旋钮

在无线电测向中，频率旋钮是用来调收需要寻找的电台信号所使用的工具。为了获得最佳效果，要求练习者所接收到的信号音调清晰、悦耳，并且能够尽可能地减小其他电台信号的干扰。此外，还要注意只接收主波信号，因为谐波信号会导致方向误差。

2. 音量旋钮

在无线电测向中，这个旋钮主要是用来控制接收到的信号音量大小的。当快速靠近需要寻找的电台时，需要不断地旋转它以跟踪信号强度的变化，从而确保能够准确地定位方向。每次旋转时，应将其调整到适当的音量位置，并略微偏小，以便在获得更好的方向性时避免信号过于强烈造成干扰。

3. 单向开关

在无线电测向中，单向开关主要用于判断电台的方位。当需要进行单向定位时，可以按下此开关，将拉杆天线接入电路，并将其输出电势与磁性天线所感应的电势复合，这样就可以产生一个心形方向图，从而实现单向特性的测向。在这种情况下，测向机的大音面将指向电台的方向。

而当不需要进行单向定位时，则可以松开此开关，使直立天线自动切断，此时测向机将保持"8"字形方向图，即双向特性。

单元三 无线电测向专项技术训练

4. 电源开关

短距离80米波段测向机不单设电源开关,插入耳机即接通电源,拔出即断开电源。

二、持机训练

掌握正确的持机方法,养成良好的习惯,是在训练和竞赛中及时捕捉电台信号、提高测向速度和精度的必要条件。

1. 短距离80米波段测向机持机方法

在80米波段测向时,正确的持机方法如下(见图3-1):右(左)手握住测向机,食指靠近"单向开关"(有的省市也采用拇指靠近"单向开关",根据个人习惯调整使用),其余四指握住测向机;松肩,垂肘,将测向机举至胸前,距身体约25厘米左右,尽量保持测向机与地面垂直。调整测向机时,使用左手或右手来调整各旋钮和扳动各开关(单、双向开关由食指控制)。当进行单向测向时,为了确保测向结果准确,需要找准方位物并允许将持机臂伸展,将测向机提高到与眼平行的高度,并进行"瞄准"。

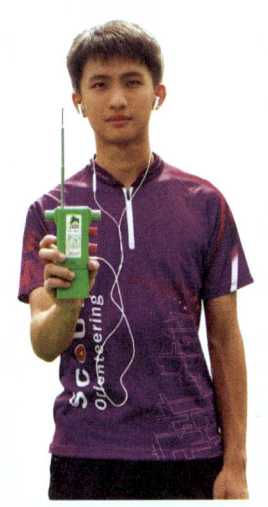
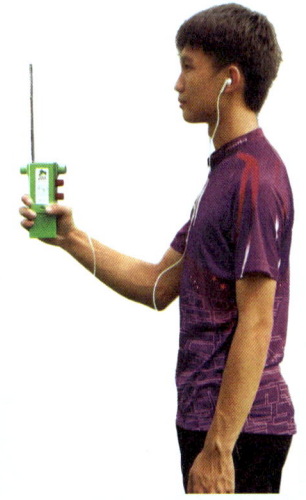

图3-1 80米波段测向机持机方法

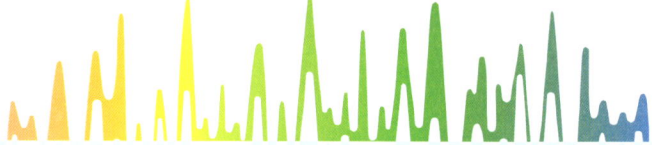

2. 短距离2米波段测向机持机方法

短距离2米波段测向使用垂直极化波，测向时多用单向大音面，持机时应注意以下几点：

（1）右手握机，左手调节旋钮和开关。

（2）测向时，天线所在平面须与地面垂直。

（3）一般情况下，测向机举至胸前，并使引向器始终处于前方，以便准确观察电台方向线。信号弱或者收不到信号时，可将测向机高举。

具体持机方法如图3-2所示。

图3-2　2米波段测向机持机方法

三、掌握测向机的性能

1. 收听信号与电台呼号的辨认

短距离无线电测向中每一部隐蔽电台（或称信号源）均有自己的编号和莫尔斯电码（呼号），并具有连续自动拍发等幅电报的功能。判断电台台号时，要注意分辨长音、短音出现的先后顺序和长、短音的数目。电台发信时，重复循环各自的电码符号。在语言中，通常用"达"表示长音，用"滴"表示短音。例如，1号台MOE，拍发"达达、达达达、滴"，2号台MOI则拍发"达达、达达达、滴滴"。目前短距离80米波段测向和短距离2米波段测向的呼号一样。

在短距离无线电测向比赛中，一般设置10部隐蔽电台和1部信标台（MO台），这11部电台都有自己的编号和呼号，它们在工作时，使用不同的莫尔斯电码连续拍发本台的呼号，分别是：

1号台：MOE　－－　－－－　·

2号台：MOI　－－　－－－　··

3号台：MOS　－－　－－－　···

4号台：MOH　－－　－－－　····

5号台：MO5 — — · · · · ·

6号台：6 — · · · ·

7号台：7 — — · · ·

8号台：8 — — — · ·

9号台：9 — — — — ·

0号台：0 — — — — —

信标台MO：— — — — —

注：—代表长音，·代表短音。

电台的拍发速度均为每分钟25～80字符。

在1～5号台的呼号中，前面都有5个长音，而区别各台的唯一标志是呼号中后边的1～5个急促的短音。在收听信号时，只要注意分辨出长音后边短音的个数，就可以知道是几号台了，6～9号、0号台均只有5个音，可按照长音和短音的排列规律来进行区别。

下面，以短距离80米波段测向机收听信号为例，对其具体步骤进行介绍。

（1）将耳机插入插孔中，戴上耳机。

（2）拉出直立天线，并将"音量"旋钮旋至最大（此时耳机内会有较大的杂音）。

（3）缓慢调节"调谐"旋钮直到听到电台信号。

（4）当突然听到异样的声音时，需要调节"调谐"旋钮进行左右微调，直到信号最大、最清晰为止。同时，仔细辨别该信号是否来自被测电台，如果不是，则需要继续调谐。

（5）如果电台信号很弱或无法接收到时，可以将测向机举过头顶或转移到较高的地方。在转动测向机的同时，需要持续调节"调谐"旋钮来收听信号，以便尽快捕捉到电台信号。

使用短距离2米波段测向机来收听信号的基本方法与短距离80米波段测向机相似。但不同点在于，由于短距离2米波段测向机的天线方向图主瓣较尖锐，距离电台较远时，在相当大的角度内难以接收到信号，因此，必须在360°范围内不停地转动测向天线。此外，由于2米波段的电波绕射能力差，故收听信号的位置选择比80米波段更为严格，应尽量选择障碍物较少的空旷地带和高地进行收听。

2. 测向机增益控制装置的使用

短距离无线电测向机的增益控制装置其实就是"音量"旋钮，这个旋钮可以连续调整音量大小。它通过调整中频放大器的放大量来控制音量的大小，使得声音可以逐渐平滑地变化。但是它只有两个状态：一个是大声，一个是小声。在测向过程中，如果电台距离很远，为了能够接收到信号，需要将"音量"旋钮调到最大，当靠近电台时，信号会逐渐变强，耳机里的声音也会逐渐变大。由于人耳在低音量下对声音变化的分辨能力比高音量下的分辨能力要强，因此需要随时减小音量，以便更好地判断电台的方向。再根据信号的强弱判断是否到达电台附近，并采取相应的手段和方法来找到电台的位置。

3. 熟悉测向机的方向特性

测向机的方向特性包含两个内容：

（1）测向机在某一地点实际具有的方向特性。例如，短距离80米波段测向机的双向和单向性能指向有无误差，双向的两个小音面是否对称（或有一个较为清晰和准确），单向是否明显易辨等；短距离2米波段测向机的单向性能中天线方向图的主瓣是否尖锐，主、后瓣的大小与比例等。根据这些性能，来准确测定电台的方向线。

（2）距电台不同距离上测向机的方向特性。掌握这一特性需要通过反复练习才能达到。在无线电测向中，必须熟练掌握距离电台100米以内的方向性。对于短距离80米波段测向机，还应确定不同距离上直立天线应拉出多长时单向性较好，熟悉最佳方向时的机器状态，如直立天线全部缩进或部分拉出时对磁性天线方向性的影响等。短距离测向中因隐蔽电台设小点标或不设点标，隐蔽性强，找台难度较高，因此，对于极近处的方向把握就更具实际意义。

4. 熟悉测向机的音量特性

掌握200米、100米、30米时的音量情况，对于估计电台距离、选择行进方向、迅速接近电台是有帮助的。如果能掌握数米内的音量及音量变化特点，对确定电台位置更有实际意义。

单元三　无线电测向专项技术训练

听辨无线电信号

一、学会收测电台信号

1. 收听电台信号

当不了解被收听电台信号的强度（如在出发后开始收听电台或找到某台后收测下一台时），可将音量旋至最大，边转动测向机，边调节调谐旋钮，直到听到电台信号后，再辨认是不是接下来要找的电台呼号。如果是，则准确调谐（缓慢地左右细调），使声音最大、音调悦耳。短距离2米波段测向机还应注意在 360° 范围内转动收听。最后，将音量旋钮旋至适当位置，进行测向。

收测电台信号

2. 测出电台方向线的几种方法

（1）80米波段测向的基本方法。

短距离80米波段测向机有测单向和测双向两种方法供选择。在实际测向中，必须两种方法配合使用，才能获得满意的效果。按使用单、双向的步骤不同，可分为单向-双向法和双向-单向法两种。

①单向-双向法：按前述持机方法持机，拉出直立天线，并随着与电台距离的缩短，相应降低天线的高度（运动员应通过反复实验，掌握距电台200米以内不同距离上获得良好单向时直立天线的最佳高度），在收听到信号清晰、音调悦耳时按下单向开关，在本机大音面做环向扫动，同时旋转频率旋钮，当耳机内出现需要收测的电台信号且声音最大时，测向机大音面所指的方向即为电台方向。这一过程称测单向，又叫定边，即定出电台在哪边。由于大音面是一个较大的扇面，难以准确地确定电台方向线，因此在测完单向后要松开单向开关，用磁性天线的小音点（即磁棒）对着电台方位左右摆动，声音最小时磁棒所指的方向即为电台的准确方向线。这个过程称测双向，又叫测线，即测出电台所在的一条直线。单向-双向法的持机操作如图3-3所示。

 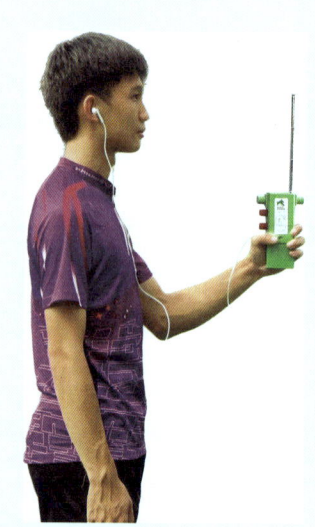

（a）定边　　　　　　　　　　　（b）测线

图3-3　单向-双向法持机示意图

②双向-单向法：先不按单向开关，当测向机接收到电台信号后，水平旋转测向机，找出小音点（或称哑点），获得电台所在直线（即电台方向线），然后按下单向开关并转动测向机90°（见图3-4），在此位置上，反复迅速地转动测向机180°，比较声音大小，声音大时，本机单向大音面所指的方向，即为电台的方向。最后再用双向小音点瞄准。

单元三　无线电测向专项技术训练

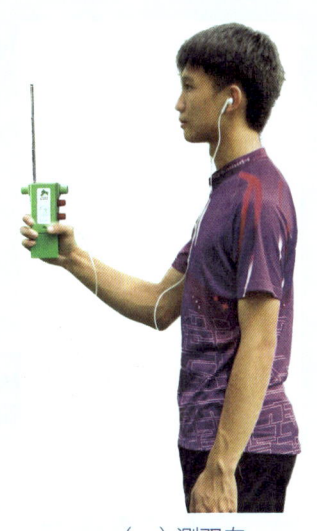
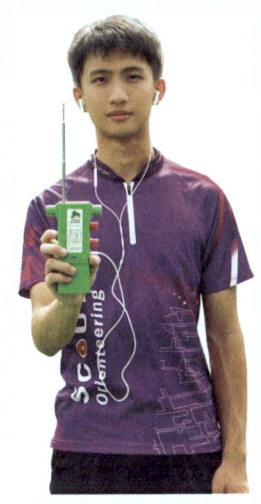

（a）测双向　　　　　　　　　　　　（b）测单向

图3-4　双向-单向法操作示意图

（2）2米波段测向的基本方法。

对短距离2米波段测向机来说，有以下两种测向方法：

①单向法（也叫主瓣一次测向法）：当短距离2米波段测向机收到电台信号后，转动天线360°，依靠尖锐的主瓣方向图（即引向器的前引伸方向声音最大面），即可明确地测出电台方向线。此法多用于三元八木天线。注意：短距离2米波段测向跑台时，要打一个"反向"，以防跑错方向。

图3-5　2米波段测向单向法示意图

②单向-双向法：这种方法多用于主瓣不够尖锐的二元八木天线或要求方向线很准确的短距离测向中。在收到被测电台信号后，首先按八木天线的一般使用方法，使各振子所在平面与地面垂直，用前述单向法测出电台的大致方向；然后，把天线立起来使用，使反射器（或引向器）在辐射振子的上方或下方从而失去反射或引向的作用。此时只有辐射振子起作用，天线的方向图是单个辐射振子的"8"字形方向图。这种类似于磁性天线的方向图，使小音点的信号强度变化率大，方向性

非常明显，而且小音点测向时，可利用辐射振子的指向进行瞄准，提高了测向准确性。这种单、双向配合使用的方法与80米波段测向方法相似，可按测向机的性能和使用者的习惯灵活运用。

二、学会调节测向机天线长度

短距离80米波段测向机的直立天线，目前多采用拉杆天线，其高度可以调整。实践证明，在测单向时，随着与电台距离的缩短，特别是到了近台区，直立天线的高度要相应地降低，才能获得较理想的心形方向图。为此，运动员应分别在距电台200米以外和100米以内的不同距离上，边调整直立天线的高度，边在电台的哑点线上判断大小音面音量变化的幅度，当音量变化幅度最为显著时，天线高度适宜。此时，再180°转动测向机，辨别大小音面的音量变化，反复多次进行，直到耳机声音最大或无声，此时，若测向机的单向大音面为电台方向，则直立天线的高度即为在该距离上的最佳高度。运动员在熟练掌握这一技术后，测向时按此高度测单向，可显著提高单向鉴别的速度和精度。

三、学会利用音量估计距离

利用音量估计距离对于运动员确定电台位置、准确到位及发挥近台区技术均有好处，其重要性仅次于寻找方向线。

1. 音量与距离的关系

利用音量的大小来估计距离是可能的，也是可行的，但由于诸多因素的影响，难以做到很准确的判定而只能是估计大概距离。

（1）近台区音量变化与距离的关系。

当距电台很近时，测向机音量将会随电台距离的缩短而逐渐增大，抵达电台时，音量变化明显，音量突起；离开电台后，音量又会逐渐下降（见图3-6）。比音量技术正是利用音量随距离远近变化很大的特性来确定电台位置的。

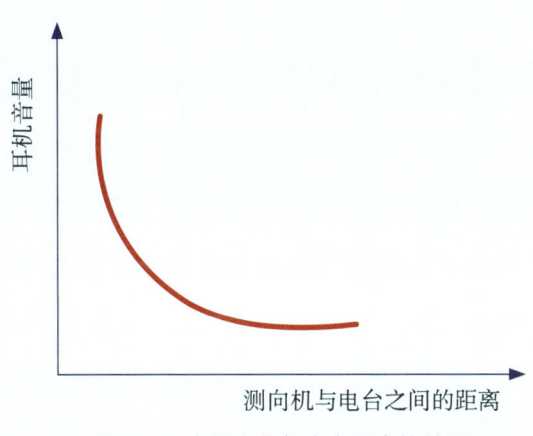

图3-6　音量变化与电台距离的关系

（2）天线高度与音量变化的关系。

天线高，中、远距离时音量大，但音量变化较小。

（3）2米波段电台设在山前、山后与音量的关系。

2米波段电台设在山前，音量随距离的缩短能正常地增加；设在山后，音量随距离的缩短增加不大，有时到山脚时反而会下降。

为提高测向质量，要求运动员每次测向均应获得三种素材和信息：方向（测出准确的电台方向线）、距离（估出电台的距离）、路线（定出接近电台的行进路线），称为测向三要素。

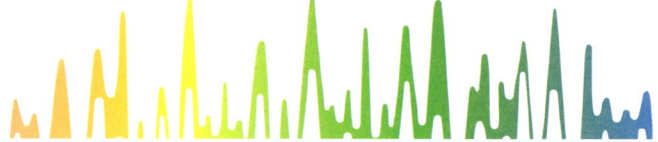

测向技术训练的基本步骤

对于无线电测向来说，初学者首先要了解无线电测向运动的相关知识，特别是竞赛的程序和竞赛办法；然后学会使用测向机，掌握基本测向方法，建立各种技术动作的规范化概念，为接下来的实际操作训练做好准备。对于初学者，测向技术的基本训练可按下面的步骤进行。

一、体验性单台训练

体验性单台训练是一种针对个人进行的培训，旨在提高其在无线电测向中的能力和独立操作技能。

在体验性单台训练中，个人将接受由教练提供的指导，并使用单个无线电测向设备进行练习。这种训练通常包括以下方面：

①掌握无线电测向设备的基本操作方法；

②学习如何识别信号类型和电台呼号；

③学习如何确定信号的强度、频率和方向；

④学习如何利用无线电测向技术获取相关信息。

通过这种训练，个人将掌握无线电测向所需的知识和技能，提升判断力和决策能力，提高在无线电测向任务中的成功率，并为日后取得更好成绩奠定基础。

体验性单台训练一般选择对电波传播方向没有影响的简单地形，将一部电台放在明显位置连续发信，并尽量使发射天线垂直于地面以获得良好的垂直极化波，以保证测向机方向线准确。队员在已知电台位置的情况下进行以下练习：

①收听信号并体会测向机的方向性,加深对测向机"8"字形方向图和心形方向图的理解;

②练习测方向线(测双向)和定边(测单向);

③在距电台周围100米内的不同距离上,反复体会电台信号强度和测向机方向性的变化;

④闭上眼睛进行操作,睁开眼睛检查测线误差,或蒙上眼睛边测边向电台方向前进。

通过体验性单台训练,队员能够熟悉测向机的性能,掌握测线、定边方法,增强对信号强度、方向线的感性认识。

二、简单的近距离找台训练

掌握了体验性单台训练的测向技术后,可以在公园、树林等地将电台简单地隐蔽起来并发射信号,队员在离电台100米左右开始运用已掌握的技术去测向、去搜索电台,获得找台的初步体验。近距离找台时,可以只找一台,也可以连续找多台,目的是训练队员调收信号的能力。

三、单项技术训练

单项技术训练适用于不同技术水平的各个阶段。初期训练中单项技术训练的重点是近台区技术，如交叉定点、方向跟踪、扫音量等。

四、多台寻找训练

多台寻找训练可以先在数百米的范围内进行，台间相距50～100米，然后逐步扩大范围，台距也可设置为50米到200米不等。找台顺序由教练员预先规定。

无线电测向技术的训练形式可参照表3-1进行。

表3-1　无线电测向技术不同训练阶段的训练形式

训练阶段	训练内容	训练方式	干扰因素	训练对专项技术的提升
初级阶段	1. 了解无线电测向竞赛相关流程、竞赛规则和裁判法； 2. 熟悉并学会使用测向机； 3. 掌握信号调收及辨别单双向的方法	根据现场条件开展基本技术的教学，并结合进行少量的室内和野外实践性训练	1. 不了解测向机； 2. 信号收测不到位，信号杂音大； 3. 难以准确辨别电台方向	将理论与实践相结合，有利于提高运动员的运动表现，同时巩固理论知识
中级阶段	1. 根据训练要求，选择测向方法； 2. 蒙眼测向训练； 3. 连续按指定顺序进行找多台训练； 4. 学会判断信号强弱	大量综合训练辅以少量的专项技术训练，后期多注重考核训练	1. 近台区测向方法较难掌握； 2. 动作流畅度低，难以实现预期目标； 3. 不适应按顺序连续找台； 4. 交叉定位不准	有利于提高运动员的综合测向技术，熟练掌握近台技术，提高动作流畅度，找台精确性提高；提高空间感知能力
高级阶段	1. 复杂环境找台； 2. 无信号找台； 3. 复杂环境中的综合训练	以复杂环境中的综合训练为主，且训练难度可高于竞赛难度	1. 定位准确程度； 2. 随机应变能力； 3. 综合找台能力	远交定位准确，突发情况应对自如，失误较少，运动员表现稳定，全程节奏加快

五、技术训练中需注意的问题

1. 技术动作要规范

初期训练中，队员热情高，进步快，但易犯急于找到电台而忽视技术动作的毛病。这在打基础阶段是经常出现的。这时，教练员要心中有数，让队员苦练基本技术和规范动作（包括持机方法、单项技术的动作过程和动作要领等）。

2. 电台布置宜相对简单，符合当前水平层次

初期训练中，队员尚不具备综合运用各种测向技术的能力，对队员的要求也限于掌握基本技术，并不期待他们有创新或形成自己的技术风格。因此隐藏电台的设置不宜太难，天线一定要垂直架设，使队员只要按规范动作去做就能找到电台，从而提高兴趣，坚定信心。在此期间设置刁台、怪台，不仅无助于队员动脑筋，反而容易使他们得出一些奇怪的"经验"，养成一些不良的习惯。

3. 关注近台区技术

初学者在多台训练中往往会觉得接近电台困难，在找台过程中不敢前进，喜欢在附近提前搜索，而实际上距电台还很远。这时应指导队员"宁可跑过电台，再返回找台而不提前搜索"，并加强各种距离下信号强度感觉的训练。

4. 多台训练频率不宜过高

初期训练中组织多台训练的目的是加深体验，因此使用频率不宜过高。

5. 学员应及时对训练进行反思

训练后的经验总结很有必要，养成记训练笔记的习惯，是对测向运动员的起码要求。每次训练后必须填写的内容包括：时间、地点、场地情况、训练内容，训练时长（必要时附图），身体反应和自我感觉。女运动员还应记录身体状态。不定期填写的内容包括：综合训练中布台情况（角度、距离、地形、起终点），记录宜以草图加注解的方式，使其一目了然；体会和经验教训；如果教练员对自己提出过特殊的训练要求，应记录执行情况和队友的长处。

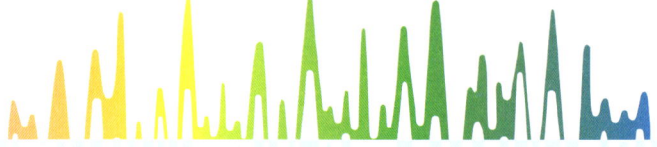

测向技术训练实操

一、收听电台信号训练

调收电台信号的速度将直接影响训练和竞赛成绩，特别是对于隐蔽电台工作在不同频率上的短距离测向更显重要。

1. 识别电台呼号训练

目的：建立收测信号必须首先分辨台号的概念。

方法：教练员掌握可拍发不同电台呼号的信号源多部，运动员准备好测向机、笔、纸，听教练员口令调收信号，分辨出电台台号后记录下来。每个台号的拍发时间可由15秒逐步减至5秒。此训练可在教室内进行。

2. 调收电台信号训练

目的：提高收听电台信号的质量和速度。

方法：教练员操纵3～5部不同频率工作的信号源。

（1）按事先计划的开机顺序（每次更换呼号和频率）轮流发射信号，运动员依次记录好收听到的台号，以便检查。每台工作时间可由15秒逐步减至5秒。

（2）多部电台同时发射信号，运动员自选顺序收听。总发射信号时间由40秒逐步减至15秒。

（3）以上训练，还可采用缩短信号源天线长度或加大收发距离的方法，使发射信号由强变弱，以增加调收难度。

最后，由教练员宣布结果、进行评分或运动员自己核对打分。

二、收测电台方向线训练

目的：获取准确的电台方向线。

方法：可视场地、器材、人员等情况，从下列方法中灵活选取。

1. 蒙眼训练

（1）在空旷平坦的场地上，设一部连续发射信号的电台，运动员在距电台50～100米处，原地闭目转圈后测定方向线，然后睁眼检验。

（2）场地及信号源工作方式同上。运动员蒙眼测定方向线后，边测边前进，看谁距电台最近。为避免互相碰撞，运动员应在不同方向上分批出发，并在电台附近配一操作员，防止踩踏电台。

（3）场地同上。运动员蒙眼站在场地中央，周围设同频率轮流发信号（由操作员按教练员指令掌握开机）或不同频率连续发射信号的隐蔽电台数部，要求运动员在规定时间（1分钟、30秒或15秒）内测定各台方向线，并由教练员和其他运动员验证其准确性。当场地受限制时，运动员可在室内进行训练（室外不同方向上设台）。

（4）场地及运动员站位同上，周围设同频率或不同频率连续发射信号的电台数部，每次1名运动员蒙眼测向，每测准1台的单、双向得2分，只测准双向得1分，全体测完后进行评比、小结，然后移动信号源位置，再重复进行训练。

（5）场地同上。运动员分为数组，蒙眼在出发线列队等候。每组前方20～50米各设1部电台，以不同频率、不同呼号连续发信号，规定每组应收测的呼号。当教练员发出"出发"口令后，每组第一名运动员开机，边测边向电台方向前进，到达电台后，由操作员示意其返回。该运动员不蒙眼跑回出发线，拍打本组下一名蒙眼队员开机出发，依次进行，看哪组最快。

2. 减少"瞄准误差"训练

运动员两人一组，任选远方一明显目标（树、电线杆、窗口等）进行瞄准，每次1人瞄线（可在原地或跑动后立定两种条件下进行）、1人检验。持测向机者凭

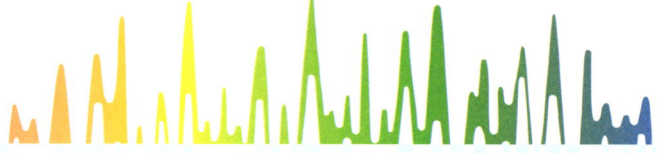

手感分别指向不同目标并瞄准后保持机器稳定，由另一人进行检验，告诉误差。该练习可在原地瞄线和在跑动中立定两种条件下进行。

3. 单台计时训练

电台任选、呼号连发，低（短）天线架设，距离100米左右。运动员可各自收测电台信号（教练员观察）或分组计时练习，要求按步骤准确、迅速地测出电台方向线和在纸上标出方位角，并相互检查核对。

4. 多台计时训练

在100米左右的不同方向上，设置不同频率、连发、低（短）天线架设的数个电台。

（1）由教练员或老运动员先标出各台准确方向线作为标准答案。

（2）运动员分若干组，先不计时练习2次，再相互计时练习（由教练员统一发"开始"口令），要求在纸上标画出各电台方向线并记录所用时间。

（3）进行误差评定：若所标方向误差大于10°，为错；小于10°，为对。

三、方向跟踪训练

目的：使运动员在电台发射信号时，能按所测方向线快速、准确地跟踪到电台。

方法：可视场地、器材、人员等情况，灵活选取训练方法。

1. 单人单台跟踪训练

（1）视运动员水平选一林区（对新运动员，可选在较平坦、植被不太密的地方；对老运动员，应选地势起伏、植被较稠密的地方），设可人工控制开机时间的电台1部。

（2）运动员在距电台约100米处出发，每次出发1人（其余运动员在看不到出发队员的地方等候），要求带信号快速跟踪奔向电台，有效时间约为3分钟。

（3）找到电台打卡或盖章后应迅速返回起点，找不到也应在规定时间内返回（待教练员重新安排），以免影响下一名运动员出发。

（4）进行完一轮后，电台可移位或逐步把距离拉长，重新进行训练。

（5）为提高训练效率，可在起点四周设2~5部隐蔽电台，仍要求每名运动员在规定时间内只找1部电台。返回起点再听从教练员安排寻找下一台。最后以在规定时间内的找台数和使用时间来评定成绩。

2. 单人多台跟踪训练

（1）在密林中设置4~5部电台，不同频率连续发射信号，台距视运动员水平而定，以带信号跟踪可达到的距离为宜。

（2）每次出发1人，其余运动员在看不到出发队员的地方等候。

（3）出发运动员根据教练指令出发，按照指定顺序找台，5分钟后另一名运动员出发。

（4）了解运动员在规定时间内能找到几个台以及需用多长时间才能找完全部电台。

四、交叉定点训练

目的：掌握交叉定点的方法，以获得较准确的台位。

方法：可视场地、器材、人员等情况，灵活选取训练方法。

1. 隔墙定点训练

（1）选远离电线的矮围墙一道，在围墙一侧设1部电台，标准架设，由操作员控制发射信号时间，每次30秒至1分钟。

（2）运动员分批、逐个在墙另一侧10米左右的道路上跑动，进行测线和交叉定点。

（3）电台发信号中止后，操作员将竹竿、旗子等标志物举过墙头以示电台位置，供运动员对照验证。

（4）将电台移动位置，重复训练。

2. 密林定点训练

（1）选稠密矮树林一片，设隐蔽电台1部或数部，要求发射天线的架设务必与地面垂直。

（2）运动员利用林边道路进行交叉定点及报告自己所测得的电台位置。

（3）由电台操作员举旗验证或由运动员逐个带信号找台验证。

五、体会音量变化

设连续发射信号的电台1部，运动员从几十米外按所测方向接近电台，再跑过电台十余米，体会音量旋钮的位置和音量变化与距离电台远近的关系，特别是注意体会电台附近的音量情况。

六、提高注意力训练

（1）在树丛等容易设台区域附近选一不被注意、容易忽视的位置设置电台（如小树旁边），进行单人单台的跟踪训练。

（2）在夜间设置2~3部电台，不必隐蔽，由运动员寻找。

七、提高调谐频率速度练习

（1）运动员准备测向机和纸笔在室内练习。按收听到的先后顺序将电台台号记录备查。最后由教练员宣布电台顺序，运动员自行评分。呼号正确得2分，错一项扣1分，满分20分。

（2）在夜间放置若干电台，降低天线高度，各台集中放置，增加干扰信号，运动员距离50~100米调收指定呼号，训练信号干扰下的分辨能力。

八、找台过程中距离感的训练

（1）在早操或进行身体素质训练等体能训练时，在明显高大的地物附近设置

1部电台发射信号，运动员在可见该地物的范围内听信号跑动，以体会在不同距离时信号强度的变化情况。

（2）综合训练中，设置若干部电台，运动员在起点测完各台后，估计各台距离并告诉教练员。每找完一台后，再仔细收听下一个待找电台的信号，估计距离并告诉助理教练，然后出发找台。如几名队员同时到达该台，应安排他们分批出发。训练完毕后进行小结。

九、提高识图、用图能力的训练

（1）准备部分公园或校园地图，让运动员看图1~3分钟，默画地图或回答教练员有关该图内容的提问。识记主干道路、小径、等高线、地物、地貌等主要内容。

（2）按"定向越野"的方式设置"检查点"，运动员手持地图、指北针找点，按地图标识行进、期间随时确定站立点等，进行定向技术训练。

（3）在综合训练中设"假台"，即在综合训练的电台设置中，选一二个台的位置不设电台，而改设"点标"和点签器。"假台"位置在运动员离开起点前单独通知。如使用无线电定向地图，则在地图上事先标示。在确定找台顺序时，运动员必须将假台考虑在内。

（4）在综合训练中使用地形图，要求运动员由起点出发开始，随时对照实地在图上的对应位置。训练结束后，在地图上描绘各台位置及运动路线，进行复图训练。

十、原地识图训练

（1）在训练场地选一距离站立点50米外有地物限制视线的空旷地做标图区域，助理教练在场地布置电台。运动员持测向机并备纸笔和指北针，描出各电台的方向线，每测一轮换一张纸，供教练员检查。

（2）综合训练时，运动员在站立点附近收测信号并认真标出各台方向线后再出发。如果使用地图，方向线应标在地图上。训练后对照实际台位检查标线精度。

（3）结合综合训练进行二次标图。电台按综合训练要求设置。运动员集体带入训练区域标图一次后，转移到起点准备出发。运动员转移过程中，各台移动位置。运动员单个出发前再标图一次，这样可以在一次布台中实现多次标图训练。

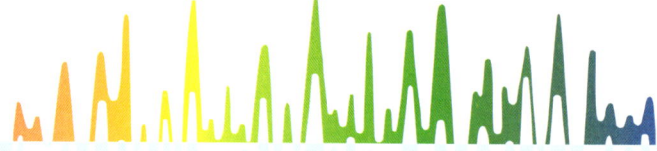

十一、提高到位率训练

1. 直线到位训练

通常采用单台接力式训练法。

（1）设置3~5部电台，正常架设，直线布台，使运动员由起点到终点均难以获得有效的交叉。

（2）运动员单个出发，在起点预估出各台的距离及大体方位，教练员再告知参考距离。不发地图，要求按方位角行进，并按参考距离准确到位和找出电台。

（3）运动员自认为"到位"了，应通报一声，以便教练员或电台操作员能及时观察、记录其到位的距离和时间。

（4）以后每找到一台，运动员均需向教练员或电台操作员主动报告自己预测的下台距离和方位，并在下一个台发射信号时计时出发（若到达某台时有数人相遇，则应逐个安排出发，目的是每人独立完成作业），以备训练后检查误差。

2. 远交到位训练

（1）训练开始前，按适合于运动员进行远交定位的要求布置电台，即到达第一个电台后所标的方向线能与起点所标的方向线形成大角度交叉来布置各电台。

（2）运动员单个出发。要求在起点附近先准确标画出各台方向线，到达第一个电台后再标画一次，然后确认和标注出各电台的台位（可画一个圈表示），并告知电台的操作员。

（3）初期训练时，为降低交点难度，突出重点，可规定最近一个电台的台号，以利交叉；也可规定在起点和各台之间收测3~5分钟各台信号，以增加标画方向线的准确性，减少交点误差，使运动员在单个电台到位中确有收益，树立信心。

（4）待"远交定位"有了一定的基础后，可增加到位速度的训练。方法是要求运动员出发后，逐台接力到位，操作员需记录各台的到达和出发时间，以便进行统计和比较。为降低到位难度，开始时可规定找台顺序，使注意力集中在到位上。

单元三 无线电测向专项技术训练

工程训练——识读电路图与元器件

与其他的体育项目不同，无线电测向运动员在比赛中还必须参加测向机制作比赛。因此，熟练了解测向机的制作技巧非常重要。

一、识读电路图

图纸是工程设计、制造、安装和维修的技术人员间的通用语言。具有一定的识图能力是每个工程技术人员应具备的基本素质。

在实践中常见的电路图有方框图、电路原理图和装配图三种。此三种电路图展示的信息不同，却有着紧密的内在联系，即从不同的侧面来描述同一个电子设备。

1. 方框图

方框图是用分割图来表示设备系统的一种方法，它表明了设备组成部分、各部分之间的关系及信号的流程和演变过程。

了解并正确识读设备组成方框图是分析该设备的结构、工作原理的第一步，也是读懂、读通一个复杂电路的关键。图3-7为短距离80米波段测向机方框图。

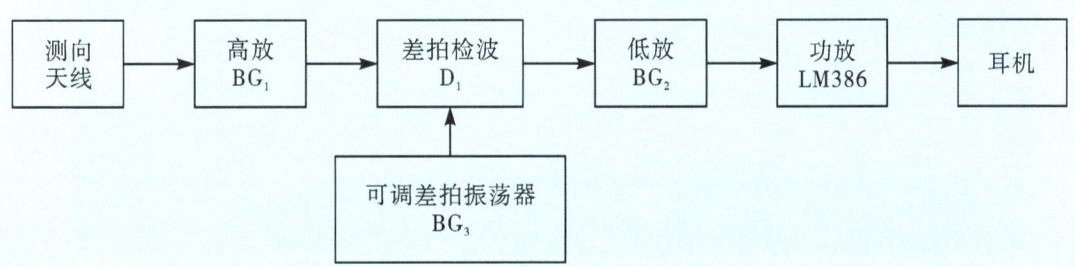

图3-7 短距离80米波段测向机方框图

2. 电路原理图

方框图只描述一个电子设备或复杂电路的框架，具体采用的电路类型和形式、元器件及参数、各电路间的连接情况需要用电路原理图来表示。电路原理图是利用电气图形符号有机连接成的整体图，是有关技术人员不可缺少的资料。有了电路原理图，就能更详细、更具体地分析电子设备的工作原理。短距离80米波段测向机电路原理图如图3-8所示。

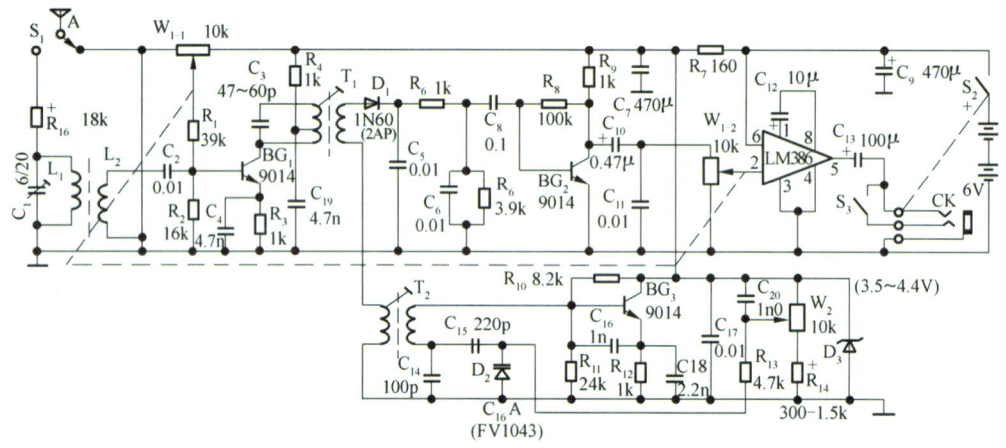

图3-8　短距离80米波段测向机电路原理图

3. 装配图

装配图是电路原理图的具体表现形式，是无线电装置或设备安装、调试和维修的必要资料。装配图一目了然地表明了元器件的实物形状、安装位置和电路的实际走线方法等，如图3-9所示。

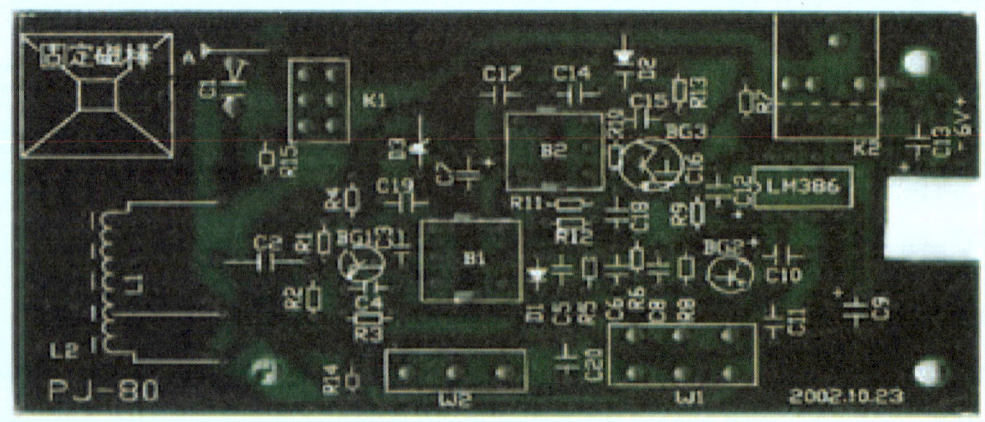

图3-9　短距离80米波段测向机装配图

单元三 无线电测向专项技术训练

二、认识元器件

一般短距离80米波段测向机的常用元器件有15个电阻、20个电容、3个二极管、3个三极管、2个电感线圈。这些元器件按一定的顺序组装到印刷电路板上。

1. 电阻

电阻（图3-10a）是用来描述导体导电性能的物理量，表示导体对电流阻碍作用的大小，用符号 R 表示，单位为欧姆（Ω），简称欧。导体的电阻越大，表示导体对电流的阻碍作用越大。电阻会导致电流的变化，电阻越小，电流越大，反之亦然。

2. 电容

电容（图3-10b）是表现电容器容纳电荷本领的物理量，用符号 C 表示，单位是法拉（F），简称法。主要用于电源滤波、信号滤波、充放电、隔直流等电路中。电容具有隔断直流、通过交流（通交阻直）的特性。安装电容要注意正、负极性，同时电容怕高温，在焊接时动作要快。

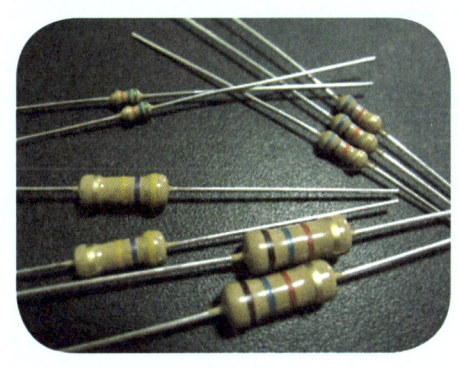

（a）电阻（R）

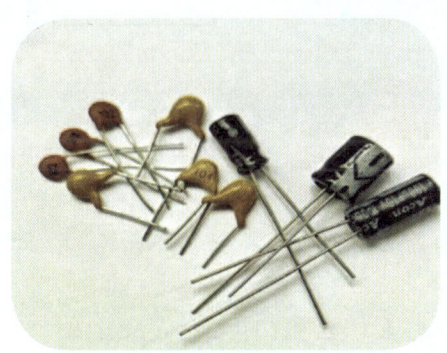

（b）电容（C）

图3-10 电阻和电容元器件外形

3. 晶体二极管

晶体二极管，简称二极管，用符号VD表示。它是只往一个方向传送电流的电子零件，1个零件接合2个端子，具有按照外加电压的方向使电流流动或不流动的特性。

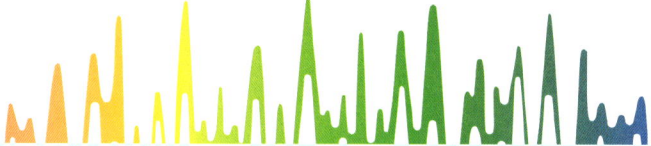

短距离80米波段测向机的晶体二极管按功能可分为：VD_1检波管、VD_2变容管、VD_3稳压管。

安装晶体二极管时应注意正确区分正负极，二极管怕高温，焊接时动作要快。

晶体二极管电路符号及外形如图3-11所示。

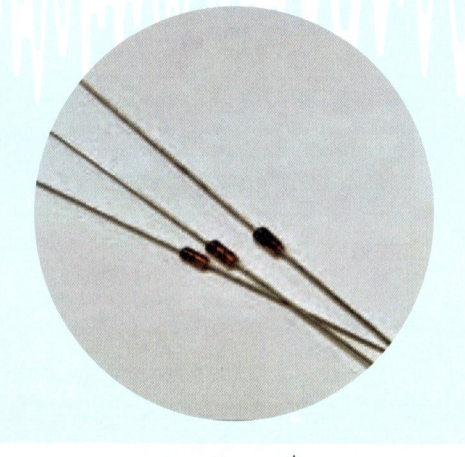

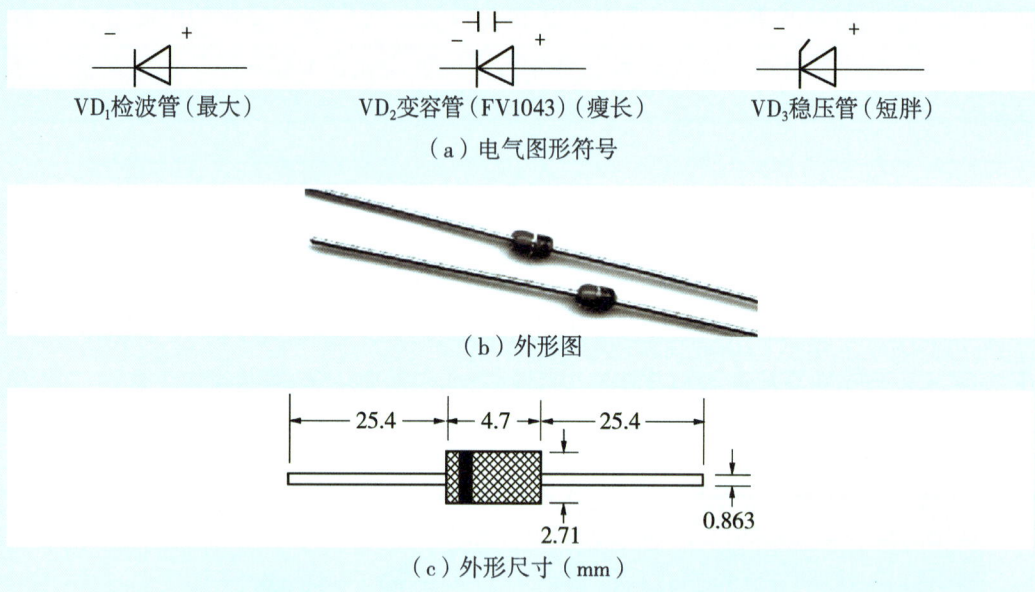

图3-11　晶体二极管（VD）图形符号与外形

4. 晶体三极管

晶体三极管（图3-12）也称半导体三极管，常用字母VT表示。它是一种控制电流的半导体器件，其作用是把微弱信号放大成较强信号。晶体三极管是在一块半导体基片上制作两个相距很近的PN结，两个PN结把整块半导体分成三部分，中间部分是基区（引线b极），两侧部分是发射区（引线e极）和集电区（引线c极），排列方式有PNP和NPN两种。安装晶体三极管时要注意e、b、c极性，三极管不耐高温，焊接时动作要快。

单元三　无线电测向专项技术训练

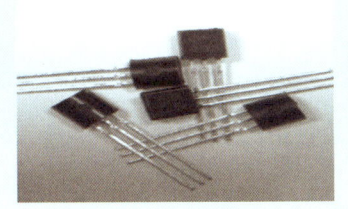
（a）外形图

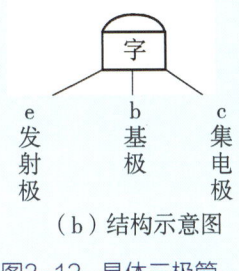
（b）结构示意图

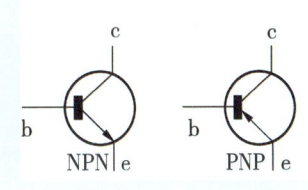
（c）电气图形符号

图3-12　晶体三极管

5. 电感线圈

电感线圈（图3-13）是由导线一圈紧靠一圈地绕在绝缘管上，导线彼此互相绝缘，而绝缘管可以是空心的，也可以包含铁芯或磁粉芯，简称电感。线圈的电感常用字母 L 表示，单位为亨利（H），简称亨。电感线圈具有低频信号可以较容易地通过而高频信号很难通过的特性，即通低频阻高频。

6. 印刷电路板

印刷电路板是焊接的基础，需要练习者将元器件安装在对应的位置并进行焊接固定。短距离80米波段测向机的印刷电路板如图3-14所示。

（a）外形图

（b）磁芯电感电气图形符号

图3-13　短距离80米波段测向机电感线圈

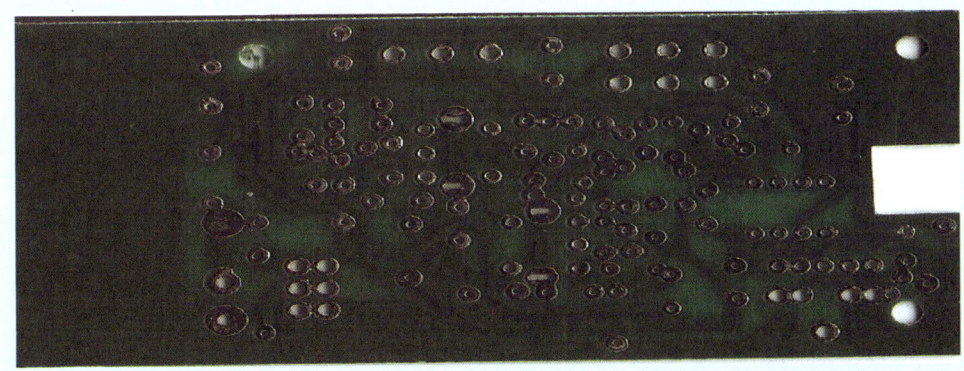

图3-14　短距离80米波段测向机电路板

工程训练——手工焊接

一、焊接基础知识

在电子产品整机装配过程中，焊接是连接各电子元器件及导线的主要手段。焊接通常分为熔焊、钎焊及接触焊。锡焊（熔点183～277 ℃）是软钎焊的一种形式，在电子工业中，锡焊是最具有代表性的焊接方法。

1. 锡焊的工艺要求

测向机制作中对锡焊要求很高，如何掌握锡焊在测向机制作中的工艺特点很重要，以下是焊接过程的工艺要求。

①焊件应具有良好的可焊性；
②焊件表面应保持清洁；
③要使用合适的助焊剂；
④焊料要加热到适当温度；
⑤把握合适的焊接时间。

2. 焊接的质量要求

在测向机制作评比中，对焊接质量有一定的要求，主要有以下几点。

①电气性能良好；
②具有一定的机械强度；
③焊点上的焊料要适量；
④焊点表面应光亮、均匀；

⑤焊点不应有毛刺、空隙；

⑥焊点表面必须清洁。

良好焊点的形貌如图3-15所示。

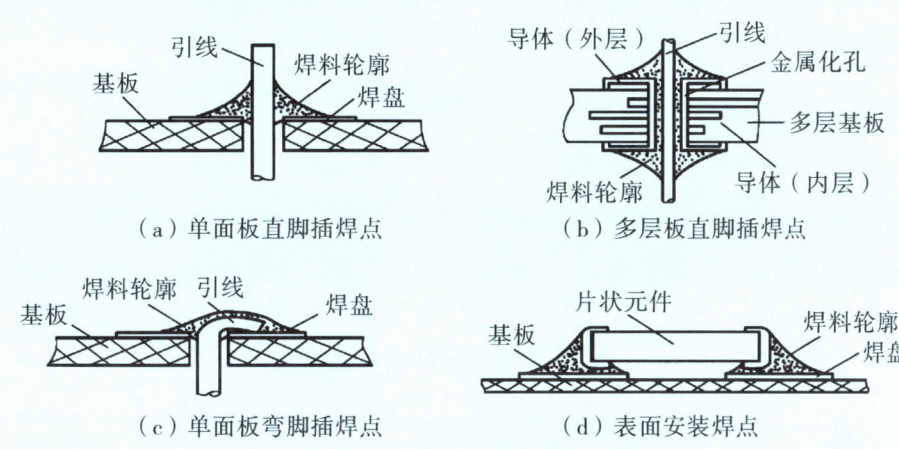

图3-15　良好焊点的形貌

二、焊接工具与材料

1. 焊接工具——电烙铁

电烙铁可按以下方式进行分类：

①按加热的方式分类：直热式、感应式；

②按功能分类：单用式、两用式、调温式、恒温式；

③按功率分类：20 W，30 W，500 W，等等。

最常用的是单一焊接时使用的直热式电烙铁，分为内热式和外热式，结构如图3-16所示。

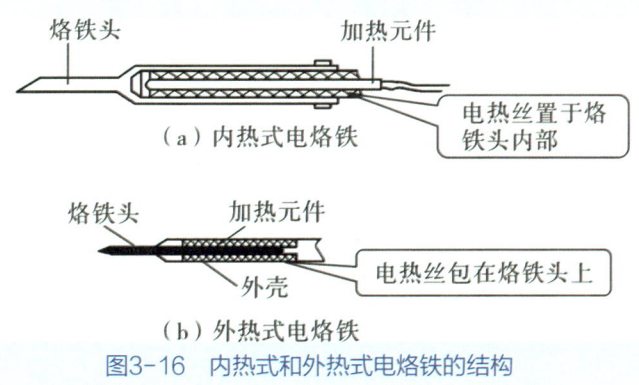

图3-16　内热式和外热式电烙铁的结构

2. 焊接材料

（1）焊料。在焊接时，凡是用来使两种或两种以上金属连接成为一个整体的金属或合金都被称为焊料。焊料按成分可分为锡铅焊料、银焊料及铜焊料；按熔点可分为软焊料（熔点在450 ℃以下）和硬焊料（熔点高于450 ℃）。

在电子设备焊接中常用的焊接材料是锡铅焊料。

（2）助焊剂。助焊剂是一种促进焊接的化学物质，在锡焊中，它是一种不可缺少的辅助材料，其作用是极为重要的。

助焊剂的作用：①除氧化膜；②防止氧化；③减小表面张力；④使焊点美观。

三、手工焊接工艺

1. 焊接操作的正确姿势

一般情况下，电烙铁到鼻子的距离应不少于20 cm，通常以30 cm为宜。电烙铁的三种握法，如图3-17所示。焊锡丝的两种拿法，如图3-18所示。焊接操作常识，如图3-19所示。

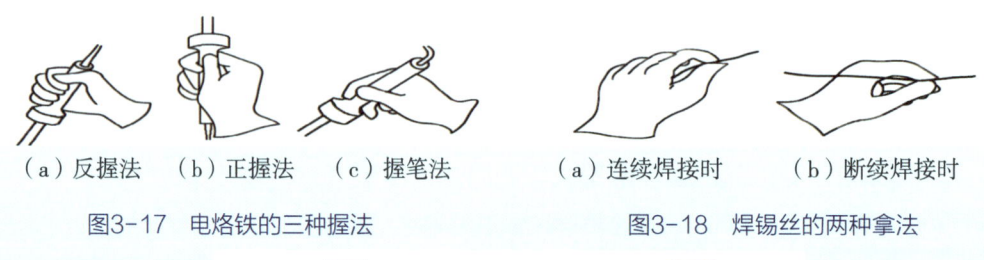

（a）反握法　（b）正握法　（c）握笔法　　　　（a）连续焊接时　　（b）断续焊接时

图3-17　电烙铁的三种握法　　　　　　图3-18　焊锡丝的两种拿法

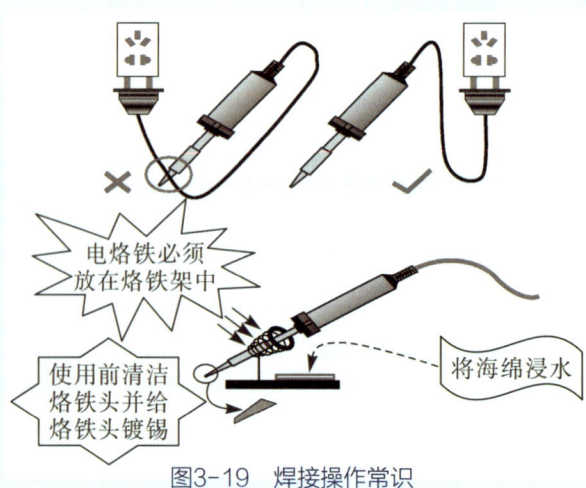

图3-19　焊接操作常识

单元三 无线电测向专项技术训练

2. 手工焊接的基本操作步骤

掌握好电烙铁的温度和焊接时间，选择恰当的烙铁头和焊点的接触位置（见图3-20），才可能得到良好的焊点。正确的手工焊接操作过程可以分成五个步骤，如图3-21所示。

焊点的正确外形如图3-22所示。

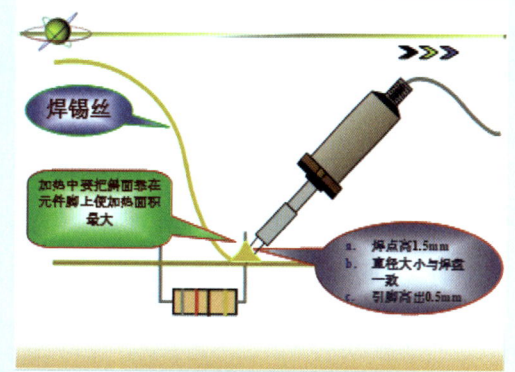

图3-20　恰当的烙铁头和焊点的接触位置

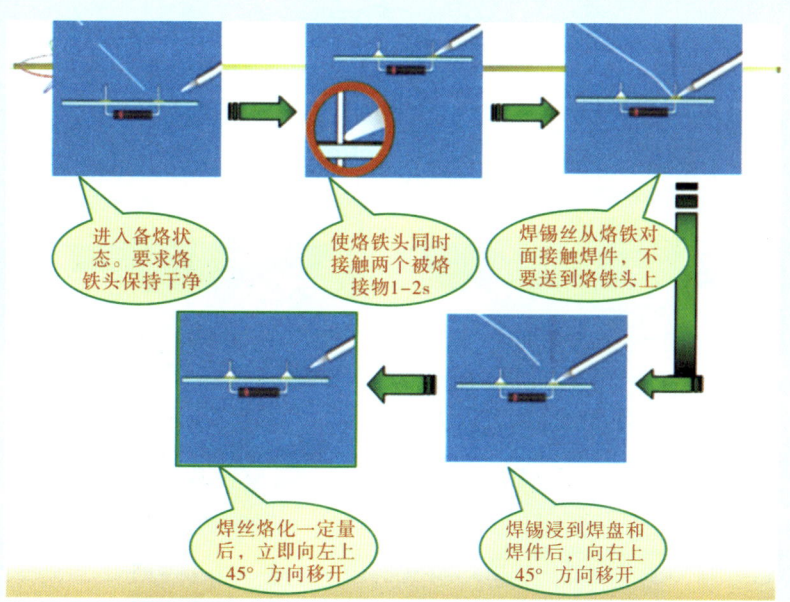

图3-21　手工焊接操作过程

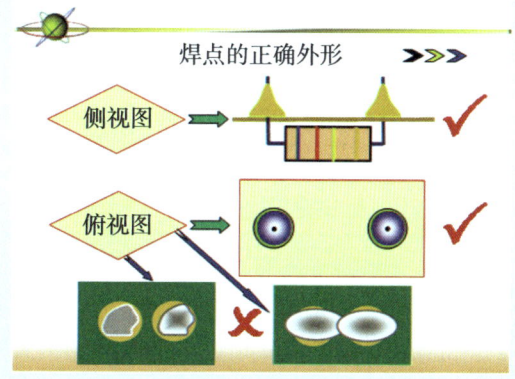

图3-22　焊点的正确外形

067

四、手工焊接元器件的注意事项

（1）焊锡丝、电烙铁应与电路板成45°角，电烙铁应先把焊锡丝熔化成一粒液体锡，迅速使其脱落在需焊接的地方。时间控制在2～3秒。

（2）防止虚焊、漏焊、空焊、短路。

（3）焊接大元件时，把锡液滴控制得大一点。

（4）部分元件应分清正、负极（电解电容、二极管、三极管）。

（5）安装集成电路时，明确凹槽对凹槽，黑点对凹槽。

五、成品展示

 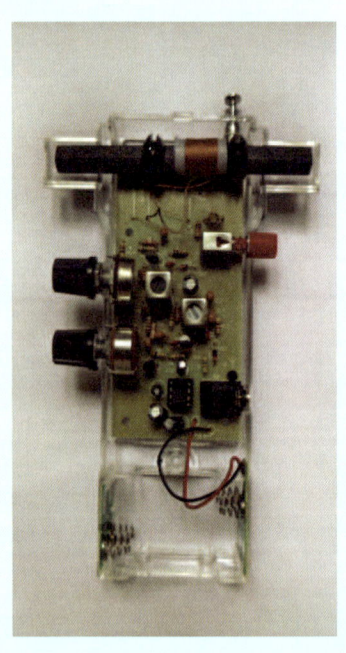

单元四

定向猎狐

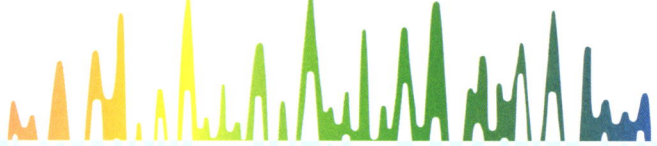

任务一

了解定向猎狐

一、什么是定向猎狐

定向猎狐（Foxoring）是无线电测向与定向越野相结合的一项户外运动项目，属于无线电测向的衍生项目。在定向猎狐中，无线电发射器发射的功率很弱，只能在很短的距离内接收到，每个发射器的位置会在地图上用单圆圈标记，运动员首先需要借助定向地图（参见4-1）和指北针，自行规划路线并到达地图上标定的圆圈内，然后使用测向机开始寻找电台。

二、定向猎狐的特点

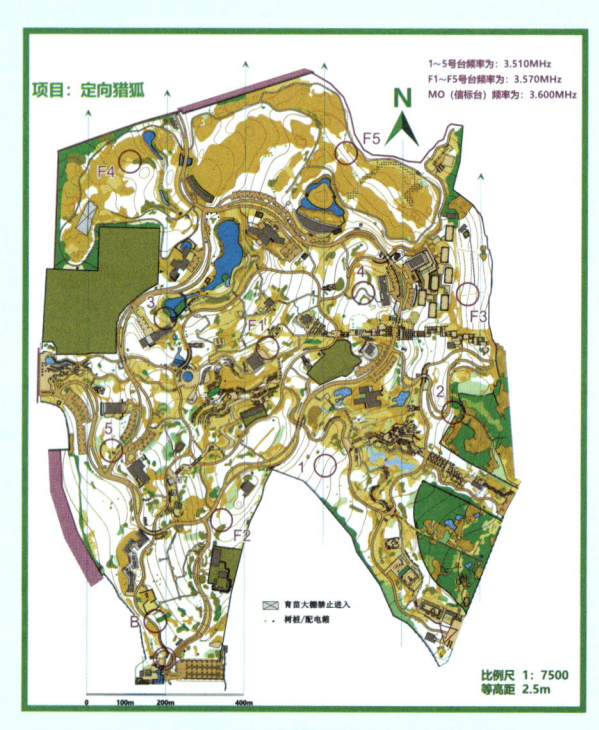

图4-1　2017年全国无线电测向锦标赛定向猎狐地图

（1）丰富的科技内涵。定向猎狐的测向部分是通过测向机接收电台信号来寻找电台，为了迅速准确寻找电台，必须掌握无线电接收和发射的基本原理和无线电波传播的基本知识，熟悉电路原理，了解元器件的安装步骤和方法并进行实际制作。

（2）智力与体力的融合。无论是"定向"还是"猎狐"，运动员不仅需要体力上的考验，还需要脑力的付出，思考所处位置，听辨电台，测定方向等。同时，

单元四 定向猎狐

身处未知的大自然中，无形中培养了运动员坚韧不拔的拼搏精神，勇往直前的意志品质和持续奔跑的毅力，培养了独立思考、快速反应、处事果断的能力，这是促进青少年德智体美劳全面发展的有力手段。

（3）趣味性浓厚。定向猎狐的电台隐藏地点、形式十分灵活和巧妙，可将电台放在户外的丛林中、城市的公园里、悬挂在树枝上。参与者先通过"寻宝"式的定向到达标定区域，尔后运用测向技术，寻找到多个微小功率的隐蔽电台。"猎狐"，这样的乐趣只有亲身参与其中才能充分体会。

（4）活动形式灵活。定向猎狐场地没有固定模式，校园、公园、街区、郊外平原、丘陵等区域都可以进行。运动员的年龄跨度也比较大，老年、中年、青少年、幼儿均可参加。参与形式可以单人、双人、家庭等，隐蔽电台设置可多可少（单台或多台），运动方式可选择快跑、慢跑、快走、慢走等。

三、定向猎狐的竞赛要求

短距离定向猎狐竞赛的基本形式是：运动员在地图的帮助下，运用短距离无线电测向技术寻找到多个微小功率测向隐蔽电台。

（1）运动员在起点出发前可获得一张标有起点、终点和各竞赛电台大概位置的竞赛地图。

（2）参赛者分批出发，先到达地图上所标记的电台位置附近，然后凭借测向机找到电台并打卡，找完规定的电台后到达终点。

（3）竞赛设置规定时间，运动员按规定顺序寻找应找电台，规定时间内找台数多用时少者成绩为优胜。

（4）未按规定顺序或错找、漏找应该寻找的电台均按少找台计算。若发现找台顺序发生错误或错找台后，可退回上一个应找台再次打卡，然后按正确顺序继续寻找下一电台。超过规定时间成绩无效。

（5）在进行接力赛时，首棒运动员在起点线上获取地图，其余各棒的地图放置于专门设置的"取图区"，前一棒运动员到达终点后取出标有本队号码的下一棒地图交给下一棒运动员继续比赛。

（6）竞赛电台的频率、编号及发射的编码等信息会在赛前公布。

四、定向猎狐的竞赛线路设置

（1）定向猎狐中，各相邻隐蔽电台之间的直线距离为30～200米。起点、终点信标台和相邻的隐蔽电台之间的距离大于30米。从起点经各应找点到终点的线路长度一般不超过2000米。

（2）一般情况下，一个组别每批只出发一人。当数条线路的找台数量、线路长度和爬高量、电台隐蔽难度等都基本相同的情况下，同组别参赛者可以采用不同线路。在这种情况下，可以安排多名同组别参赛者同批出发。

（3）接力比赛时，同组别接力队的竞赛线路相同，但同一棒次的地图及竞赛线路可能不相同。

（4）每个隐蔽电台的射频覆盖范围，应调整至使用具有平均灵敏度的普及型测向机在距地图上所标电台位置的圆圈中心点位置30米时可以清楚地收听到；终点信标台应调整至在竞赛起点出发跑道终端可以清楚地收听到。

（5）除终点信标台外所有隐蔽电台都不设置点标旗。打卡装置安放在距电台天线1米以内。

（6）当起点和终点相互看不见时，应设置终点信标台。

五、定向猎狐的竞赛地图

（1）定向猎狐地图可利用定向地图、地貌影像地图、导游地图等赛区平面图制作，应能帮助运动员准确找到地图上所标记的电台大概位置。

（2）竞赛地图包含起点、终点和所有隐蔽电台在内的全部竞赛区域。

（3）应找隐蔽电台的大概位置以圆圈符号表示，在圆心相对应的实地位置上应能收听到该电台发射的信号。电台编号标示在圆圈旁边，编号字符的位置以及圆圈符号的大小与电台位置无关。

（4）各竞赛电台的编码和莫尔斯电码符号对照表、地图比例尺等必要信息印制在竞赛地图的侧面。

（5）各组别应找台号及顺序会在地图侧面加以说明。

（6）当同一线路上设有编码相同的电台时，该条线路须用线段在地图上按规定顺序从起点开始经各应找台位到终点逐点相连清楚标示。

单元四 定向猎狐

了解定向越野

一、定向越野的起源

定向越野（Orienteering）是一项新兴的户外运动项目，是指运动员借助指北针和定向地图，根据地图所示信息及要求，自行规划路线按顺序到达地图上所标示的检查点，全程到达检查点用时较短者或在规定时间内找到检查点得分较多者胜出。

定向越野起源于瑞典，"定向"一词最早出现在1886年，意指在借助地图和指北针的帮助下，穿越未知地带。最初的定向越野是军人的军事训练内容，帮助他们在山上辨别方向、选择前进的道路。

1897年，Tjalva俱乐部在奥斯陆举办了世界上第一次公开的定向比赛。20世纪初在斯德哥尔摩体育联合会主席Ernst Killander的倡导下，定向越野开始从军营走向大众，逐步成为深受瑞典人喜爱的竞技体育项目。1961年国际定向运动联合会（International Orienteering Federation）在哥本哈根成立，1977年定向运动被国际奥委会接纳，成为奥林匹克运动项目，自此定向运动走上了标准化、科学化和规范化的发展道路。

二、定向越野在我国的发展

定向运动包含徒步定向（Foot Orienteering）、滑雪定向（Ski Orienteering）、自行车定向（MTB Orienteering）及沿径定向（Trail Orienteering），其中徒步定向便是我们俗称的定向越野。定向猎狐是通过徒步定向越野到达电台附近，再通过无线电测向寻找电台，故本节内容以徒步定向越野为主。

早在20世纪五六十年代，定向越野由驻港英军部队及警察作为军事训练内容被传入香港。1981年香港野外定向总会成立，这是我国第一个定向运动官方组织。1983年在广州白云山举行了首次"定向越野比赛"，成为我国内地定向运动发展的开端。

1994年在北京市怀柔区举办了全国首届定向运动锦标赛，1995年成立了中国定向运动协会。同年，首届中国大学生定向运动锦标赛在吉林省举办，2003年中国大学生体育协会定向分会在浙江省杭州市成立，标志着我国学生定向运动进入发展的快车道。

定向运动在国内发展至今，举办了很多的赛事，例如全国定向锦标赛、全国定向冠军赛、全国定向公开赛、全国定向巡回赛、全国学生定向锦标赛等全国性赛事，以及各省市区的定向比赛，数不胜数。全国各地的民间定向组织、定向俱乐部及定向运动协会对我国定向运动的发展也做出了很大的贡献。

近年来，定向运动在广东省内快速发展。2016年7月，第一场南粤古驿道定向大赛在韶关市仁化县举行，吸引了全国各地的运动员前往参加。该项赛事不仅带动了当地的经济发展，当地的特色文化也得到了广泛宣传。南粤古驿道定向大赛将定向运动的文体旅特性发挥得淋漓尽致，得到政府的高度重视和大力支持，至今已举办了70余场定向大赛。其中2017年和2018年共举办了6场世界定向排位赛，吸引了上百名国内外顶尖定向运动员前来参赛。2019年10月定向世界杯决赛于广东佛山举行，这是中国第一次承办世界顶级定向赛事，大大提高了定向运动在中国的知名度，推动了定向运动的发展。

三、定向越野的项目设置

定向越野根据比赛线路长度以及比赛场地类型的不同可分为短距离赛（Sprint Distance）、中距离赛（Middle Distance）和长距离赛（Long Distance），此外还有团队项目——短距离混合接力赛（Sprint Relay）和接力赛（Relay）。超短距离淘汰赛（Knock-Out Sprint）于2018年成为定向越野正式比赛项目，登上国际大赛舞台。

单元四　定向猎狐

短距离赛的胜出时间通常在12～15分钟，线路长度一般为3～4千米，总爬高量不大。地图比例尺通常为1∶4000，而对于年龄较大出现视力问题的参赛者，以及对于尚未掌握阅读复杂地图能力的参赛青少年儿童，比例尺可扩大至1∶3000。短距离赛的场地通常选择校园、公园、城镇、村落等，对运动员的速度、耐力、注意力、路线选择能力要求较高。

中距离赛的胜出时间通常在30～35分钟，线路长度一般为4～6千米，有一定的爬高量。地图比例尺通常为1∶10000和1∶7500。

长距离赛的胜出时间通常为成年男性90～100分钟，成年女性70～80分钟，线路长度一般为8～16千米，爬高量较大。比例尺通常为1∶15000。

中距离及长距离的场地都在郊野、山林里，对运动员的体能要求极高，极为考验运动员的指北针技术以及对地图、地形的理解和长距离的自导航能力。

 任务三

会看定向地图

定向猎狐所使用的地图是符合国际规范（ISOM 2017-2）的定向地图。

定向地图是定向运动所使用的地图，是地形图的一种，提供极为详尽的地表资讯，作为定向选手在比赛过程中定位与导航的依据。定向地图比传统地形图包含更多的资讯，并使用一套标准符号绘制，让使用任何语言的人都可以掌握。

一、地图比例尺

定向地图是以各种线条（直线、曲线、虚线）、图形符号、色彩、注记（文字、数字）组成的。要想识读地形图，首先必须了解比例尺的基本含意。

地图比例尺通常有三种表示形式。

（1）线段式——在地图上以厘米为线段单位表示。如：地图上1厘米代表实地100米，则在1厘米线段上注明1厘米等于实地100米，如图4-2所示。

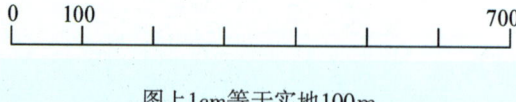

图上1cm等于实地100m

图4-2　线段式地图比例尺

（2）数字式——在地图上以数字比例式表示。如：地图上1厘米代表实地50米，则在地图上写成1∶5000或1／5000（参见图4-8）。

（3）文字式——在地图上以文字直接表示。如：地图上1厘米代表实地100米，则写成：图上1 cm等于实地100 m，如图4-3所示。

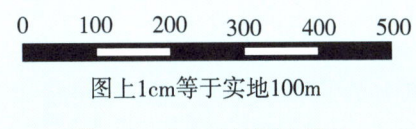

图上1cm等于实地100m

图4-3 文字式地图比例尺

二、等高距

相邻两条基本等高线间的实地垂直距离叫等高距。等高距的大小决定着表示地貌的详略程度，在同一地区，等高距大，则等高线条数少，表示地貌就简略；等高距小，则等高线条数多，表示地貌就详细。但等高距的大小受地图比例尺的限制。地图比例尺越大，等高距就越小；地图比例尺越小，则等高距就越大。因此，大比例尺地图表示地貌相对详细，小比例尺地图表示地貌相对简略。我国现有的 1∶10000比例尺地图等高距为5米。

三、等高线

1. 等高线显示地貌的原理

等高线是地球表面上高度相等的各点连接而成的曲线。根据定义，可这样来设想等高线的构成原理：如图4-4所示，假想把一座山从底到顶按相等的高度一层一层水平切开，山的表面便出现一条条周长不等的截口线，然后把这些截口线垂直投影到平面图纸上，便出现一圈套一圈的曲线。因为同一条曲线上各点的高度都相等，所以叫等高线。

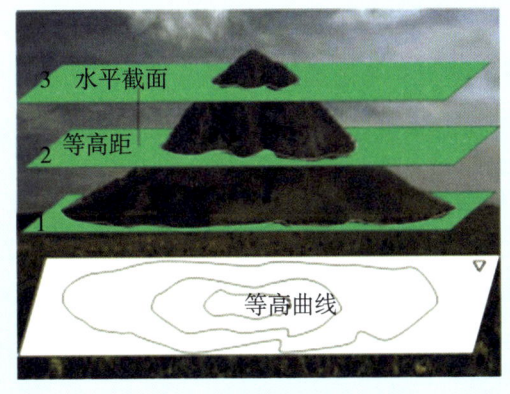

图4-4 等高线显示地貌原理

2. 等高线的种类

等高线按其作用不同分为首曲线、计曲线、间曲线与助曲线四种，如图4-5所示。

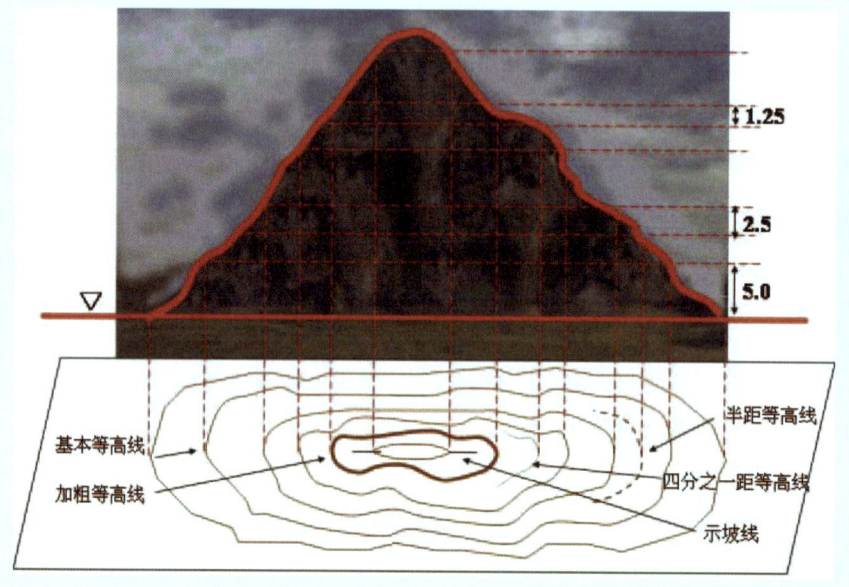

图4-5　等高线的种类

（1）首曲线，也叫基本等高线。它是一幅地图中按注明等高距所绘的细实线，用以显示地貌的基本形态。

（2）计曲线，也叫加粗等高线。从规定的高程起算面起，每隔五个等高距将首曲线加粗成一条粗实线，以便于在地图上判读和计算高程。

（3）间曲线，也叫半距等高线。主要用以显示首曲线不能显示的局部地区地形，按二分之一等高距绘制细长虚线。

（4）助曲线，也叫辅助等高线。用以显示间曲线仍不能显示的局部地区地形，按四分之一等高距绘制的细短虚线。

这里还需说到示坡线，示坡线是显示地势坡度方向的线段，示坡线与等高线正交，其相交端指向上坡方向，未相交一端指向下坡方向，若等高线所形成的闭合小环圈外侧与示坡线相交，则表示突出的山包或山头；若等高线所形成的闭合小环圈内侧与示坡线相交，则表示低洼的凹地。

3. 等高线显示地貌的特点

①在同一条等高线上，各点的高度相等，并各自闭合。

②在同一幅地图上比较，等高线条数多，山就高；等高线条数少，山就低。

③在同一幅地图上比较，等高线间隔大，坡度平缓；等高线间隔小，坡度较陡。

④等高线的弯曲形状与相应实地的地貌形态相似。

地貌是地图的主要要素，也是无线电测向训练要重点掌握的内容。要想从地图上了解到实地的高低起伏及具体形态，必须弄懂上述四个特点，尤其是第四个特点的真正含意。图4-6为定向地图等高线绘制的立体模型，图4-7为定向地图与实际地形的对比。

图4-6　定向地图立体模型

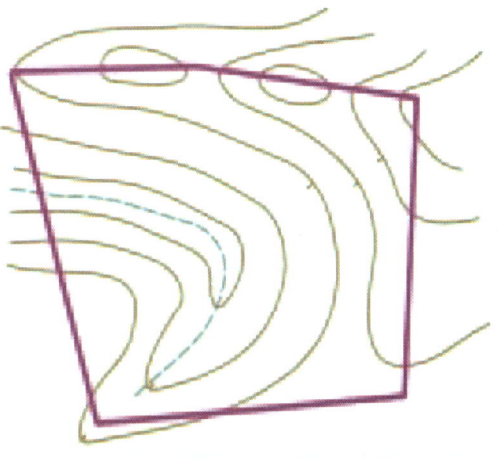

图4-7　定向地图（右）与实地（左）对照图

除了以等高线表示地貌的起伏外，地图还包含树林密度、水文资讯、空旷地、小径、道路、土墙、石墙、冲沟、渠道、井、坑、围篱、输电线、人造物、建筑、大石与其他地表上的地物信息，如图4-8和图4-9所示。

定向地图还包含与地图两侧平行的磁北线，有的还包含一些地名和其他图外文字，以帮助运动员将地图定向到北方。这些文字必须朝向北方。地图内的文字必须放置在不会遮挡重要特征的位置，字体应简洁。可以用箭头来指示磁北。

图4-8　定向地图

在实际的地图运用中，不仅需要读懂地图的符号，还需要有辨别地形的能力，如山顶、山腰、鞍部、山谷、山脊、山凹、山凸、台地等复杂地形。奔跑过程中需要在脑中提前预想所寻找的地形的实地情景，以便检查及调整奔跑方向。

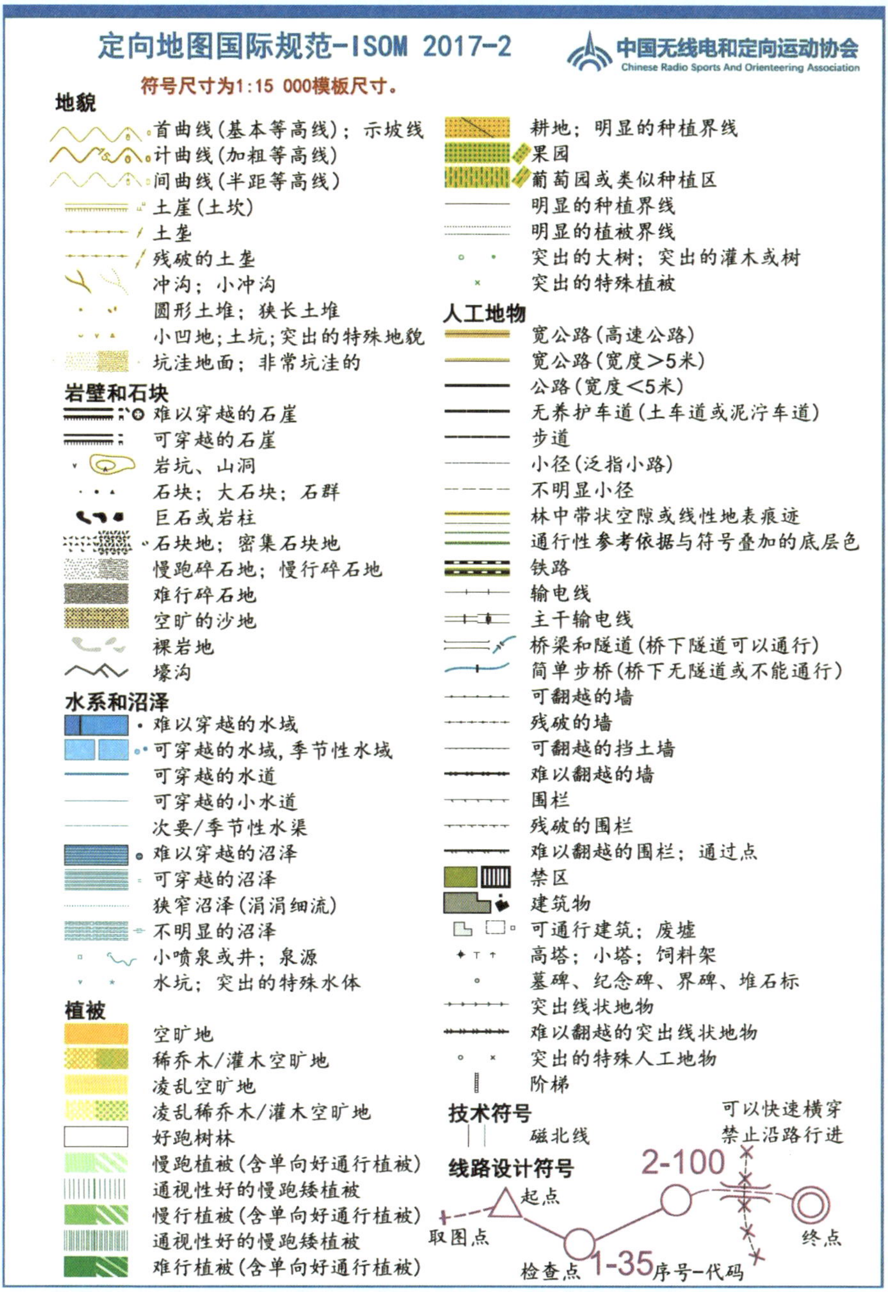

单元四　定向猎狐

图4-9　定向地图图例

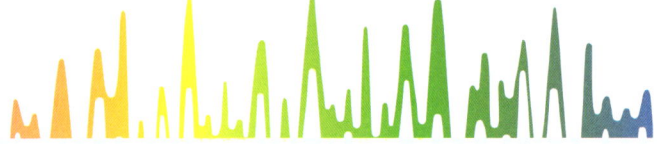

利用定向技术前往标定区域

一、标定地图

运动员在拿到地图后应尽快跑离出发通道，并在途中进行概略读图，总览地图以及确定起点、出发通道的位置和将要前往的第一个电台的位置。奔跑至出发通道末端后停下进行地图标定，利用周围地物及出发通道的相对位置确定自身所朝方向及在地图上的确切位置。

二、选择路线、攻击点、扶手等参考

在标定好地图及确定第一个电台的位置之后，选择一条符合自身技术特点、可以在最短时间内靠近电台位置的路线。合理使用小路、大路及公路进行大区域跨越，确定好分岔路口，及最终离开大、小路的攻击点（即地图上的参照物）；然后利用攻击点。

在直线越野路段亦需要选择符合自身技术特点的路线。直线穿越能力强的可选择一条避免不必要爬高的直线穿越路线，穿越路径周围应尽可能多地存在参考物以便确定位置及修正跑动方向。直线穿越能力不强的可继续选择小路以尽可能地靠近电台，最后再利用指北针技术穿越到达标定区域。

三、指北针技术

在使用地图的过程中，同时需要指北针的帮助。

1. 指北针的基本结构

指北针是由磁针和罗盘构成。磁针是针形磁铁，它的红色端指向磁北方向，白端指向磁南方向。罗盘是有方位刻度的圆盘，它可以自由转动确定方位角度。N 表示磁北方向，S 表示磁南方向，W 表示磁西方向，E 表示磁东方向，罗盘箭头为定向箭头。罗盘可转动。底板前头为目标方向箭头，圆角三角镜为放大镜，空小圆圈、空小三角为绘制点标图样，底板短边箭头端刻度为厘米尺，底板短边罗盘端外边刻度为英寸比例尺（用于英寸比例尺地图），底板空小三角侧长边外边刻度为1∶150 000比例尺，底板空小圆圈方长边刻度为1∶250 000比例尺。

现在运动员使用的指北针多为透明式多用指北针。指北针底板透明，可透视地图，磁针灵敏度高，稳定性好，可提高读图速度。指北针有许多种，目前运动员使用的多为拇指型指北针。

无线电测向竞赛地图是以地磁子午线确定方位，且地图上一般都绘制有成组的磁北方向线。参加者可利用指北针与磁北方向线的关系标定地图和确定方位。

2. 标定地图

标定地图就是使地图的方位与实地一致。测向运动所使用的地形图，反映实地地形非常详细准确，但在使用中要把每个地物和实地都一一比照对应，就必须先标定地图。

使用指北针标定地图，即使指北针的北方向与地图北方向保持一致，地图即标定。以图4-10 为例，在使用拇指式指北针时应先确定自身所处的确切位置A和目

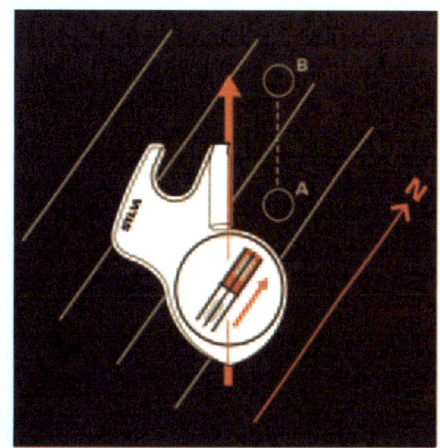

图4-10　指北针使用示意图

的地B，而后将指北针水平放置在地图上，使得刻度尺方向线与AB连线平行。此时运动员持图转向，直至指北针上的指针方向与地图上磁北线的方向平行且朝向一致时，指北针刻度方向便是运动员能够直线到达目的地B的方向。

在直线穿越的过程中，往往会产生不可避免的偏移，而运动员所需要做的便是修正偏移。在绕过障碍物或某一片区域后以相同的跑动距离及偏移角度调整是最理想的情况，大部分运动员几乎做不到如此完美的调整，此时便需要借助地图，利用路径上周围的地物进行位置确定及方向调整。

四、偏向瞄准

在行进过程中遇到图4-11情况时，通常直线穿越几乎不能直接到达目标位置，此时应在起始位置调整跑动方向，向左或向右小角度地偏移，在到达或即将到达线性参考物时向偏移方向的反方向调整，从而到达目标位置。这样就避免了在直线穿越过程中偏移之后无法校正方向的技术失误的发生。

图4-11 偏向瞄准轨迹示例

五、地图简化

在遇到复杂地形时，应简化地图，只保留重要的地图信息。在简化地图时，应根据所选路线及明显参照物来进行简化，忽略不必要的地图细节，以关键地形地貌和地物作为攻击点进行路线执行参考。

以图4-12为例，经过地图简化后得到图4-13。在行进过程中只需要关注两个小山头和两条小路，并借助其帮助导向，即可顺利到达目的地。

单元四 定向猎狐

图4-12 复杂地图示例

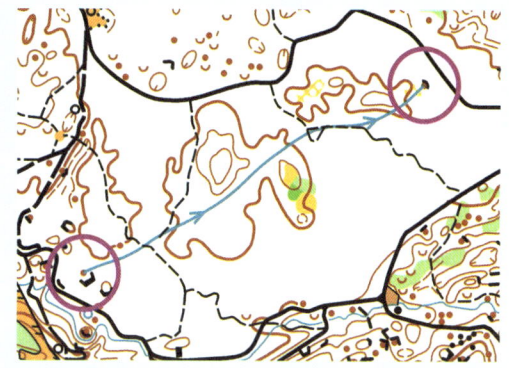
图4-13 复杂地图简化示例

六、执行路线

一旦选定了路线，不要轻易改变所选路线。在路线执行过程中，利用好每一个攻击点以及扶手的辅助，如分岔路口、线性植被及地物、明显的地形地貌等容易辨认的地形或地物进行导航。在路况复杂时用指北针进行辅助，以避免跑错方向。在行进过程中也应当时刻检查指北针以及地图上的地物是否符合当前的方向以及周围环境。

在出现重大失误导致迷路、丢失站立点、无法确定所处的确切位置时，应当及时原路返回到能确定位置的地方重新进行标定地图、路线选择等一系列操作。

七、行进路线选择示例

以图4-14为例，起点位于一个十字路口，而检查点位于一处洼地的东北部。在所需要穿越的区域中有不少小路可以利用，但并不能直接到达点位，需要一小段的直线穿越。在选择行进路线时，可按以下步骤进行规划。

（1）站在起点选好路线，然后标定好地图并确定好西北方向的小路即可开始前往检查点。

（2）沿着西北向的小路行进至第一个岔路口，选择前进方向的左侧小路行进至下一个岔路口。

（3）处于第二个岔路口时使用指北针朝正北方向行进至小山谷的底部，而后往西北方向沿着山谷线朝山上行进至小路拐弯处。

（4）到达小路拐弯处后沿着小路向西行进至箭头处，此处小路的形状为S形，较好辨认。

（5）使用指北针向西北方向沿着红色箭头上坡至大路。此处的上坡方向可借助东侧的山谷和东侧的山脊进行控制，还可逐一寻找山坡上的巨石和陡崖进行位置辨认及方向调整。

（6）到达大路后，选择北向的小路往北行进至右前方为一片地形较平坦的开阔地，而后往西北方向从山脊的底部行进至顶部，到达下一条大路。

（7）到达大路后往西行进至大路拐弯处，此处的道路情况是一个明显的小弧度左拐弯，拐弯处北侧有一土丘方便辨认。

（8）在土丘处使用指北针往西北方向翻越小山头后往正北方向行进至洼地处即可到达目标点位。

（9）入圈后即可开始进行无线电测向，通过测向机测定信号方向并开始寻找电台。

图4-14　行进轨迹图

单元五

无线电测向体能训练

体能训练是发展运动员的速度、力量、耐力、柔韧性、灵敏性及协调性等身体素质的训练。体能训练在很大程度上决定竞技能力水平。因此，体能训练是无线电测向运动训练中最重要的训练内容之一。

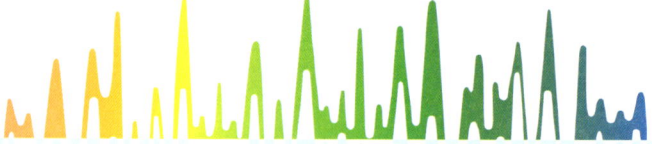

 任务一

力量训练

力量是人体或身体某部分肌肉在工作时克服阻力的能力，它是各项目最基本的素质，是掌握运动技术、提高运动成绩的关键素质之一。按运动时肌肉克服阻力的表现形式进行分类，力量可以分为绝对力量、相对力量、速度力量和力量耐力。

一、绝对力量训练

绝对力量即运动员单位体重所具有的最大力量，是指身体或身体某部分肌肉克服最大阻力的能力。最大力量的增长主要有两个途径：一是依靠肌肉内协调能力的改善，即提高神经系统的指挥能力，以刺激更多的运动单位参与工作，提高肌纤维收缩同步化的程度，提高肌肉群之间的协调性；二是通过增大肌肉生理横断面，从而增加肌肉收缩力量。发展最大力量最常用的手段是负重抗阻力练习，其效果取决于负荷强度、练习次数、练习组数、组间间歇时间等因素。负荷强度以本人最大负荷的60%～90%为宜，100%的最大负荷强度要慎用或少用；练习次数以3～10次、练习组数以5～8组为宜，应尽快完成动作，组间休息3分钟。

1. 半蹲/深蹲（图5-1、图5-2）

动作要点：双脚打开与肩同宽，身体直立，核心腰腹绷紧，半蹲时大腿与地面呈95°～100°，全蹲时大腿与地面平行，膝盖不超过自己的脚尖，快速向上发力（站直）。

注意事项：活动开腰、腹、下肢肌肉，避免扭伤、拉伤。

单元五　无线电测向体能训练

图5-1　半蹲

图5-2　深蹲

2. 卧推（图5-3）

动作要点：核心腰腹收紧，背紧贴器械，向上推时，手臂和腹部发力。

注意事项：注意力集中，让同伴协助保护，避免下收时胸肌或下颚受伤。

图5-3　卧推

二、相对力量训练

相对力量是绝对力量除以自身的体重的数值。发展相对力量主要通过提高神经肌肉的协调性增加绝对力量，同时控制体重。发展相对力量的基本方法是，用85%以上的负荷强度，以动员更多的运动神经元兴奋，使更多的运动单位参与工作。练习次数为3次，练习组数为6~10组，组间充分休息。

1. 平板支撑（图5-4）

动作要点：双手支撑，双腿伸直，腰、腹、臀收紧，脚踝绷紧，头、背、臀、踝保持在一条直线上。

注意事项：量力而行，避免腰肌劳损。

2. 仰卧起坐（图5-5）

动作要点：仰卧于垫上，两腿稍分开，屈膝成90°左右，两手置于脑后，腹部发力向上收腹。

注意事项：活动腰腹，避免抱头用力过猛损伤脖子。

图5-4　平板支撑

单元五 无线电测向体能训练

图5-5 仰卧起坐

3. 静蹲（图5-6）

动作要点：双脚打开与肩同宽，腰背紧贴墙壁，腹部收紧，下蹲至大腿平行于地面，双手自然放在两侧或大腿上，脚踝绷紧立起来。

注意事项：全身肌肉激活，注意多放松小腿，避免出现抽筋现象。

图5-6 静蹲

4. 弓步走（图5-7）

动作要点：上身直立，腰腹核心肌肉收紧，大腿抬至平行于地面，脚尖勾起，送髋下压成弓步，膝盖不超过自己的趾尖。

注意事项：激活全身肌肉，注意力集中，核心稳定，避免脚踝、膝盖扭伤。

图5-7 弓步走

091

5. 侧支撑（图5-8）

动作要点：以单肘支撑，并向支撑肘方向侧身，头、背、臀、踝成一条直线，腹部收紧，脚踝绷紧，并且保持另一手臂、身体与地面垂直。

注意事项：要活动开腰腹，避免出现抽筋现象。

图5-8　侧支撑

6. 异侧腿臂支撑俯桥（图5-9）

动作要点：首先采用平板支撑的姿势，然后一侧腿臂抬起，核心腰腹收紧，脚踝绷紧。

注意事项：激活核心腰腹力量，避免出现抽筋现象。

图5-9　异侧腿臂支撑俯桥

7. 抓举（图5-10）

动作要点：双脚打开与肩同宽，腰腹绷紧，双手打开下腰握杠铃，抓举时脚踝、大腿发力，同时手臂发力上举后成半蹲姿势。

注意事项：注意活动手腕、脚踝，避免出现扭伤现象。

图5-10　抓举

8. 单腿内收（图5-11）

动作要点：身体保持直立，腰腹绷紧，双手交叉与肩同高，脚尖尽量朝前，由脚踝发力向下呈半蹲姿势，膝盖不超过自己的趾尖，随后靠脚踝和大腿内收肌的力量将战车回收。

注意事项：激活下肢的肌肉群，避免出现肌肉拉伤的情况。

图5-11　单腿内收

9. 仰卧举腿（图5-12）

动作要点：平躺于地面，腰背始终紧贴地面，双手自然放在臀部两侧。举腿时，双脚伸直，脚尖勾起，将臀部抬离地面。

注意事项：体操垫准备厚一些，避免损伤尾椎骨。

图5-12　仰卧举腿

10. 负重抬腿（图5-13）

动作要点：上体正直，一手扶墙支撑，一手扶杠铃片在腿上，大腿抬高至与小腿呈90°，脚尖勾起。

注意事项：活动开髂腰肌，避免疲劳出现拉伤。

图5-13 负重抬腿

三、速度力量训练

速度力量也叫快速力量，指人体在运动时以最短的时间发挥肌肉力量的能力。速度力量是速度和力量的综合。运动员在完成动作时所用力量越大、时间越短，所表现的速度力量就越大。无线电测向的体能水平主要取决于关键动作的速度力量。

提高速度力量往往采用发展力量素质的练习手段。可采用负重或不负重练习。负重练习时，一般以40%～60%重量负荷，练习次数为5～10次，练习组数为3～6组，组间休息要充分。利用各种跳跃或跑的练习可以有效地发展速度力量，如单足跳、多级跳、跳深等。在速度力量练习时，务必注意加快动作频率。

1. 进三退一跳（图5-14）

动作要点：身体直立，核心腰腹控制稳定，脚尖勾起来，落地时，脚尖积极下压，并且手脚协调。

注意事项：注意力集中，避免脚踝扭伤。

图5-14 进三退一跳

2. 连续蛙跳/跳垫子（图5-15、图5-16）

动作要点：双脚打开与肩同宽，手臂上下协调摆动，两膝微屈，起跳时呈现半蹲姿势，充分蹬伸髋、膝、踝，用脚后跟着地，屈膝缓冲，连续发力（跳垫子全脚掌着地，保持核心稳定）。

注意事项：充分活动全身肌肉，避免后肌拉伤和胫骨劳损。

图5-15 连续蛙跳

图5-16　跳垫子

3. 台阶弓步交换腿/负重台阶交换腿（图5-17、图5-18）

动作要点：弓步姿势准备，上体稍前倾，前后摆臂，同时向上跳跃，落地后两脚位置交换，脚尖撑起来。做负重台阶交换腿训练时，应选择合适重量的杠铃。

注意事项：注意力集中，避免交换腿时脚踝扭伤。

图5-17　台阶弓步交换腿

图5-18　负重台阶交换腿

4. 快速推杠铃（图5-19）

动作要点：核心腰腹收紧，稳定重心，膝盖微屈，上肢胸部发力快速向斜上方推杠铃，手臂伸直，上下肢协调发力。

注意事项：推杠铃时注意不要回收太快，以防砸到自己的下颚或锁骨周边。

图5-19　快速推杠铃

5. 负重原地高抬腿（图5-20）

动作要点：选择合适的杠铃重量，紧压肩上，身体挺直，原地高抬腿至90°左右，脚尖勾起，脚踝撑起，频率要快。

注意事项：杠铃要紧压肩上，避免出现杠铃砸伤肩膀和颈部。

图5-20　负重原地高抬腿

6. 立卧撑起跳（图5-21）

动作要点：原地下蹲，双手撑地，双腿并拢，做一个俯卧撑后，快速蹬收，接着迅速向上跳起，头顶击掌。

注意事项：量力而行，避免多个起跳后缺氧晕眩。

图5-21　立卧撑起跳

7. 跨步跳（图5-22）

动作要点：上体保持直立，下肢蹬地发力，腿抬至90°左右，脚尖上勾，抬至最高点时积极下压，全脚掌着地，快速换腿。

注意事项：全身肌肉激活，跨步时集中注意力，避免脚踝扭伤。

图5-22　跨步跳

8. 单腿跳小栏架（图5-23）

动作要点：身体稍前倾，核心腰腹收紧，手脚协调，小腿发力向前跃起，高抬大腿，落地时前脚掌着地缓冲。

注意事项：激活身体肌肉，注意力集中，避免脚踝扭伤。

图5-23　单腿跳小栏架

9. 双腿跳小栏架/双腿跳大栏架（图5-24、图5-25）

动作要点：身体保持直立，核心腰腹收紧，脚踝/大腿脚踝发力跃起。跳大栏架呈收腹姿势，脚尖勾起，前脚掌落地缓冲，手脚协调。

注意事项：激活身体肌肉，注意力集中，避免脚踝扭伤。

图5-24　双腿跳小栏架

图5-25 双腿跳大栏架

四、力量耐力训练

力量耐力是指运动时肌肉长时间克服一定阻力的能力。阻力越大，运动持续时间就越短。力量耐力对无线电测向运动有重要意义。

力量耐力水平以绝对力量水平为基础，在获得一定绝对力量的基础上，决定力量耐力的主要因素转变为有氧代谢能力。

力量耐力训练也可以说让人体肌肉能够更长时间地工作并且能够对抗乳酸，增强抗疲劳能力。因此，力量耐力训练更适合采用低负荷高运动量的训练方法。以下是力量耐力的具体训练方法：

（1）深蹲（重量自我调整、较低重量）：每组12～15个，进行3～5组，每组间歇1～1.5分钟，运动负荷为65%～75%。

（2）抓举（重量自我调整、较低重量）：每组15～20个，进行3～5组，每组间歇1～2分钟，运动负荷60%～70%。

（3）引体向上：每组15～20个，进行3～5组，每组间歇1～2分钟，运动负荷60%～70%。

（4）负重台阶弓步交换腿：每组70～90个，进行3～4组，每组间歇1～2分钟，运动负荷70%～80%。

（5）负重原地高抬腿1分钟，进行3～5次，每次间歇1～2分钟，运动负荷65%～75%。

（6）仰卧举腿：每组50～60个，进行3～4组，每组间歇1～2分钟，运动负荷60%～70%。

（7）仰卧起坐：每组80～100个，进行3～4组，每组间歇1～2分钟，运动负荷50%～60%。

（8）双脚跳小栏架（12～15个）：8～10次，每次间歇20～30s，运动负荷60%～65%。

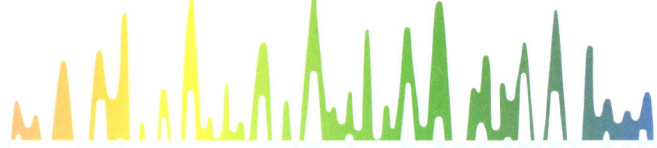

速度训练

速度是人体快速运动的能力,是直接决定无线电测向运动成绩的关键因素。速度分为反应速度、动作速度和动作频率。

一、反应速度训练

反应速度指的是人体在各种信号刺激下的快速应答能力。反应速度除受遗传因素影响外,外界刺激的强度也起到很大作用。在一定生理范围内,刺激强度越大,引起的反应也就越快。注意力集中的程度也影响反应速度,在待发状态后的1.5~8秒之间的反应最快。反应速度对无线电测向运动员有重要意义。

其训练方法为快速小高抬+听口令(后加速跑)、快速小高抬+反应跑(图5-26)等。

图5-26 快速小高抬+加速跑/反应跑

动作要点：身体稍前倾，大腿抬至45°～50°之间，脚尖勾起来，手脚协调，且频率要快，听到口令后，加速向前跑。

注意事项：注意力集中，避免脚踝扭伤。

二、动作速度训练

动作速度是指运动员快速完成某一动作的能力。动作速度主要通过快速重复完成某一动作的练习来实现。

1. 快速侧向交替上步（图5-27）

动作要点：两膝微屈，身体重心向前，脚踝支撑，左右脚交替，手脚协调，且频率要快。

注意事项：注意力集中，避免脚踝扭伤。

图5-27 快速侧向交替上步

2. 收腹跳（图5-28）

动作要点：双脚打开与肩同宽，腹部、腿部发力，双腿同时起跳将腿收至胸前，落地时屈膝缓冲。

注意事项：激活全身肌肉，落地时注意缓冲，避免膝盖、脚踝扭伤。

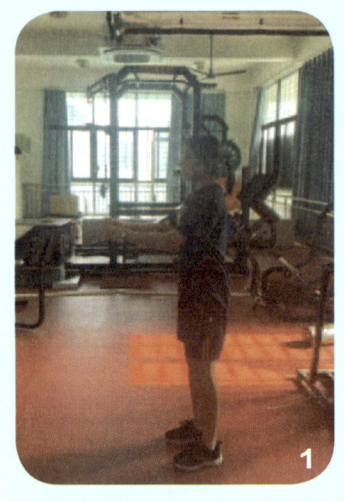

图5-28　收腹跳

3. 跪地送髋（图5-29）

动作要点：跪地，臀部贴紧脚后跟，上体稍前倾，核心腰腹绷紧，杠铃放在髋的位置，通过髋关节发力，一侧腿抬起呈半弓步姿势，同时双手握杠上举，膝盖不要超过自己的脚趾尖。

注意事项：充分调动身体机能，避免重心不稳出现脚踝膝盖扭伤。

图5-29　跪地送髋

4. 战车单腿后肌群训练（图5-30）

动作要点：仰卧垫上，核心腰腹收紧，两手自然放在体侧边，一脚置于战车上，脚尖勾起，脚踝、后肌发力回收，髋上挺，发力腿角度90°左右，同时另一脚自然向上摆动。

注意事项：充分调动全身肌群，避免出现后肌拉伤现象。

单元五　无线电测向体能训练

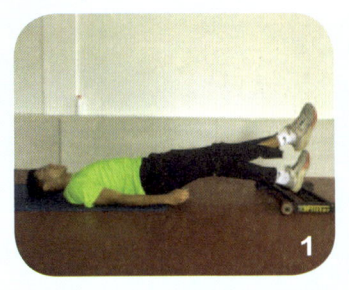  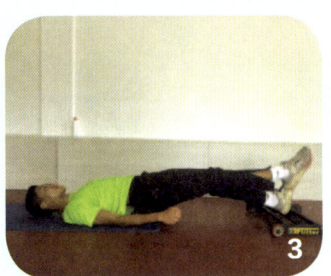

图5-30　战车单腿后肌群训练

5. 战车俯卧撑收腹训练（图5-31）

动作要点：双脚自然张开置于战车上，核心腰腹、脚踝绷紧，做俯卧撑姿势后，腹部、下肢发力将战车向身体方向靠拢。

注意事项：激活全身肌群，避免在运动过程中核心腰腹、脚踝不稳摔在地上。

图5-31　战车俯卧撑收腹训练

6. 阻力摆臂+快速摆臂训练（图5-32、图5-33）

动作要点：双脚前后站立相距约15厘米，后脚脚跟撑起，上体稍前倾，核心腰腹控制，阻力摆臂将皮带置于手肘处，快速摆臂上下肢协调摆动，肘关节约为90°，摆臂过程中，前漏肘，后漏手，频率快。

注意事项：阻力摆臂时注意保护好自己的手肘，避免出现皮带勒损现象。

图5-32　阻力摆臂训练

图5-33　快速摆臂训练

三、动作频率

动作频率是指运动员在单位时间内完成相同动作的次数，如运动员的步频等。提高动作频率的方法与提高动作速度相同。无线电测向运动员经常通过快速高抬腿跑来发展步频。

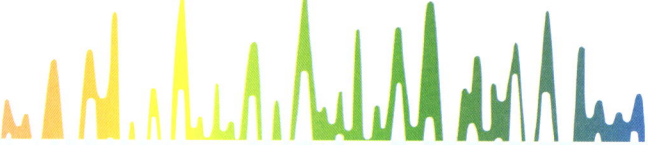

任务三

耐力训练

耐力是指运动员长时间工作抵抗疲劳的能力。疲劳是运动训练后的必然结果，会使机体的工作能力下降，从而导致运动能力下降，所以疲劳是运动训练和比赛的障碍。但通过合理利用疲劳后的超量恢复，可有效提高机体的耐力水平。耐力素质可分为一般耐力和专项耐力。从人体运动供能的主要渠道来说，又分为有氧耐力和无氧耐力。

一、一般耐力

一般耐力是指运动员在长时间的中小强度运动中抗疲劳的能力。长时间的运动主要靠有氧代谢供能，故又称为有氧耐力。一般耐力对无线电测向体能训练有极为重要的意义。

对那些主要靠无氧代谢供能的项目来说，一般耐力虽不直接影响专项成绩，但一般耐力训练能使运动员增大吸氧量，从而改善运动员的心血管和呼吸系统功能，这正是运动员发展和提高其他素质承受大负荷训练和大负荷训练后恢复的基础。

影响一般耐力的主要因素是最大吸氧量、氧的利用率以及心脏循环率、糖原储备及机体机能工作节省化水平等。运动员的意志品质对一般耐力也有直接的影响。

一般耐力主要采用持续训练法和间歇训练法来发展，其手段应选择能使运动员获得最大摄氧量的持续活动，最常用的训练手段有30分钟以上的匀速跑、越野跑、2分钟的间歇跑等。负荷强度以心跳次数在150～160次/分钟为宜。可参照芬

兰生理学家卡沃宁提出的进行有氧耐力训练心率保持公式来掌握负荷强度：训练强度＝安静时心率＋（最大心率–安静心率）×（50%～60%）。心率控制在这个水平可增加心脏排血量，最大摄氧量可达80%左右。

二、专项耐力

专项耐力是指运动员在一定时间内持续进行大强度专项运动的能力。项目不同，专项耐力的表现形式也不同。长距离及超长距离项目以有氧耐力为特征。

专项耐力训练必须根据专项特点来进行，无线电测向训练主要采用大强度的长距离或超长距离的反复跑、变速跑、间歇跑等进行训练。

长距离耐力训练的主要方法为5千米跑。

动作要点：身体保持直立，大腿抬起，小腿下压拔地，后蹬伸膝，两臂前后摆动，呼吸节奏为两步或三步一呼一吸。

注意事项：跑步过程中注意力集中，避免脚踝扭伤；注意呼吸节奏，避免过快出现极点。

（a）起跑

（b）冲刺

图5-34　5千米跑

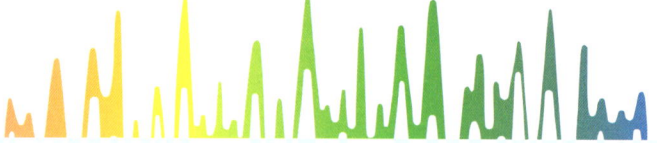

柔韧性训练

柔韧性训练是指通过特定的拉伸和推动练习来改善身体的柔韧性。柔韧能力由人体关节活动灵活性、肌肉和韧带的伸展性与弹性，以及肌肉紧张与放松的协调性所决定。在无线电测向技术动作中，柔韧能力决定动作幅度，从而决定动作的效果。

柔韧性训练的基本方法是拉伸法，采用主动性和被动性拉伸练习。训练时要掌握好练习的强度和幅度，以免肌肉拉伤。因此，练习时用力程度要逐渐加大，以运动员稍感拉紧和微疼为止。柔韧性练习一般在准备活动中身体发热后进行。专项需要进行专门的柔韧性发展训练。

1. 仰卧撑腰分腿（图5-35）

动作要点：仰卧于垫上，双手撑腰上挺，核心腰腹收紧，尽量保持直立，然后双腿左右开立，脚尖绷紧。

图5-35　仰卧撑腰分腿

单元五　无线电测向体能训练

注意事项：腰腹要激活开来，避免出现腰部扭伤的情况。

2. 攻栏腿（图5-36）

动作要点：坐立在垫上，核心腰腹绷紧，两脚成90°，前后脚脚尖勾起，后脚膝盖角度呈40°～45°，手臂协调摆动，异侧手臂下压摸脚尖。

注意事项：腰腹要激活开来，避免下压时腰部扭伤。

 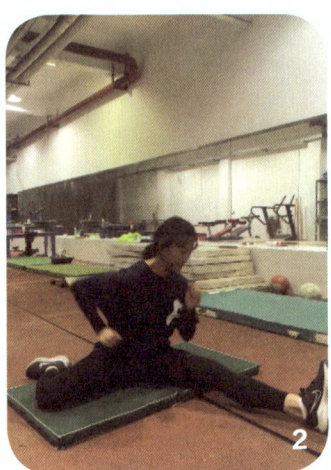 

图5-36　攻栏腿

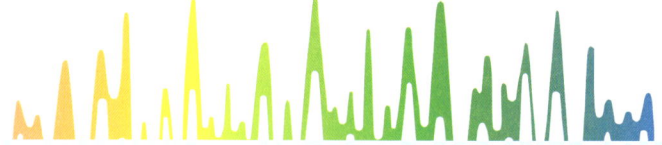

灵敏性训练

灵敏是指运动员在各种突然变化的条件下，能够迅速、准确、协调地改变自身运动姿势的能力。灵敏表现为人体的动作过程，但从源头判断，灵敏首先表现为人的观察力、判断力和反应速度，其次表现为人的大脑皮质神经过程的灵活性，再次表现为人的力量、速度和柔韧性，以及动作技能数量和巩固程度。

灵敏性训练时，要注意密切结合专项特点，提高专项灵敏性，训练手段要经常变换。在精力充沛状态下进行训练，训练效果较佳。

灵敏性训练的主要方法为雪糕筒折返跑（图5-37）。

动作要点：起跑时身体前倾，后蹬有力，两臂前后摆动，身体逐渐抬起，速度逐渐加快，快碰到雪糕筒时减速，单手碰雪糕筒，控制核心腰腹，转体继续起跑加速的过程。

注意事项：激活全身肌群，避免脚踝、膝盖等部位的损伤。

图5-37 雪糕筒折返跑

单元五 无线电测向体能训练

协调性训练

协调性是人体的一项综合素质，也是体育锻炼中不可或缺的运动能力之一。协调性是指身体运动时，作用肌群时机正确、动作方向及速度恰当，平衡稳定且有韵律性。在各项体能中，协调性训练是一项比较困难的训练，因影响协调性的因素较多，除了遗传、心理素质外，还与肌肉力量与肌肉耐力、速度与速度耐力、技术动作的纯熟度、身体重心平衡能力、动作的韵律性，以及身体柔软度等密切相关。

协调性训练一般通过以下方法来进行。

1. **肩绕环**（图5-38）

（a）正面示范

（b）侧面示范

图5-38 肩绕环

动作要点：由直立双臂上举开始，一臂直臂向前、向下、向后、向上划圆摆动，同时另一臂向后、向下、向前、向上摆动，均以肩关节为轴，依次进行。

注意事项：肩关节放松，手臂伸直。

2. 转向跳（图5-39）

动作要点：双脚并拢，手肘弯曲向上跳，跳起后转向180°或90°着地，身体与双手协调配合维持平衡，可向左与向右跳。

注意事项：两脚不要打开，身体要保持平衡。

（a）180°转向跳

（b）90°转向跳

图5-39 转向跳

3. 开合跳（图5-40）

动作要点：双腿并拢，双手放于身体两侧；跳跃时双腿同时向两侧打开（前脚掌支撑），双手向上伸直在头顶上方击掌；再次跳跃时，双腿并拢，双手回到身体两侧。

注意事项：保持动作的节奏感，避免速度过快或过缓，膝盖微屈，脚尖点地时动作轻，避免发出巨大响声，造成关节损伤。

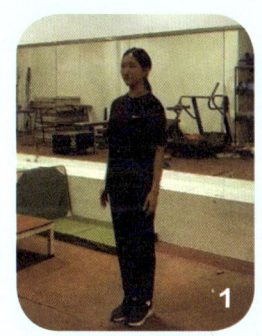

图5-40 开合跳

4. 胯下击掌（图5-41）

动作要点：站立，双脚与肩同宽。一条腿抬起，另一条腿前脚掌支撑，同时双手在抬起腿的胯下击掌；换另一条腿重复动作，交替进行。

注意事项：保持身体稳定，避免左右摇晃；动作过程中，保持呼吸均匀。

图5-41 胯下击掌

5. 弓步垫步抬腿（图5-42）

动作要点（以左弓步腿为例）：左腿呈弓步趋于90°，右腿伸直，前脚掌支撑；左腿垫一步，同时右腿抬起成90°，脚尖往上钩；左脚再次垫步，右腿归为原位，重复动作；上肢似跑步一样协调摆动。完成次数后，换右腿重复进行。

注意事项：重心稳定，步伐不宜过大，避免失去平衡；注意控制节奏，动作标准。

图5-42　弓步垫步抬腿

单元六

无线电测向不同学段体能训练要求

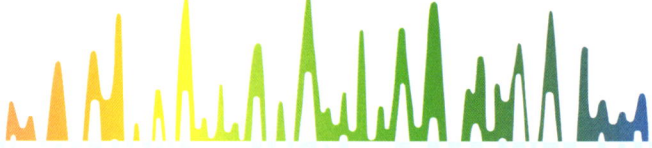

小学生体能训练

一、训练目的及意义

1. 目的

激发学生运动兴趣,培养运动习惯,促进学生的生长发育,塑造坚强的意志品质。

2. 意义

提高学生身心素质,增强体能,培养学生积极乐观的人生态度和集体主义精神。

二、训练主要内容及目标

小学生无线电测向主要以短距离80米波段测向为主。由于小学生正处于身体发育阶段,承受负荷的能力比较差,过度的负荷可能会导致其身体器官系统的损害,因此,在训练时应该合理安排。

小学阶段的训练内容主要以发展学生的速度、协调性、灵敏性、柔韧性以及耐力为主。因此,小学阶段的周期性训练可以安排速度-灵敏性训练、核心素质训练、耐力训练。

1. 速度-灵敏性训练

速度-灵敏性训练的相关变量:强度要达到80%以上,心率在130~150次/分钟

之间。每一个练习项目开始前进行一次10秒的脉搏测试，脉搏次数趋于18～22之间表示可以继续进行下一项内容。

速度素质训练内容：10～30米冲刺跑，3～4次/组，进行2～3组，每次间歇30秒，每组间歇3～5分钟；绳梯器械训练（快频率跑、快速侧向交替上步练习、进三退一跳练习）每组6次，1～2组快频率训练。

灵敏性素质训练内容：15～30米的折返跑，3～4次/组，进行3～4组，每次间歇30秒，每组间歇3～5分钟；以及场地四角跑练习等短距离跑训练。

2. 耐力训练

耐力训练的相关变量：强度要达到85%以上，心率在140～160次/分钟之间。每一个练习项目开始前进行一次10秒的脉搏测试，脉搏次数处于22～25之间表示可以继续进行下一项内容。

耐力训练内容：50～100米折返跑，进行3～6次/组，每次间歇1～2分钟；100米变速跑，3～6次/组，每次间歇1～2分钟；连续不断的1公里、2公里有氧跑等。

3. 力量训练

力量训练的相关变量：训练运动量较少，运动负荷较大。强度约为85%～95%，心率在120～150次/分钟之间。每一个练习项目开始前进行一次10秒的脉搏测试，脉搏次数处于22～25之间表示可以继续进行下一项内容。

力量训练的内容：平板支撑1分钟，3～5组；仰卧起坐10个1组，3～5组；静蹲1分钟/组，4～6组；台阶弓步交换腿30个/组，3～6组；弓步走20步/组，4～6组；立卧撑起跳8～10个/组，3～5组；收腹跳10个/组，4～6组；双脚跳小栏架6～8次；单腿跳15米/组，3～5组；连续蛙跳10级/次，3～6次。上述每组动作间歇1～2分钟。

4. 训练目标

通过训练，培养学生的身体素质（力量、耐力、灵敏度、协调性和柔韧性），不仅提高学生的基本运动能力，还应增强学生对体育运动的兴趣和爱好。

初中生体能训练

一、训练目的及意义

1. 目的

增强学生体质，改善各大器官系统的功能；全面提高学生的技术能力。

2. 意义

有效地培养和激发初中生的运动能力和素质，如爆发力、耐力等，从而保障人体能够为大负荷的训练做好准备，增强人体的心肺功能，有效减少运动过程中的损伤。

二、训练主要内容及目标

初中阶段，学生正值青春期，精力充沛，也是身体发育变化最大的阶段。从儿童期过渡到少年期，其身体素质、承受负荷的能力都相对提高。初中阶段以发展学生的速度、灵敏性以及耐力为主，但在此基础上可以根据学生的生长发育情况进行一定的力量训练，因此初中阶段的周期性训练包含速度灵敏性训练、耐力跑训练、力量训练、专项训练。

1. 速度-灵敏性训练

速度-灵敏性训练的相关变量：强度要达到85%以上，心率在140～160次/分钟之间。每一个练习项目开始前进行一次10秒的脉搏测试，脉搏次数处于18～22之间表示可以继续进行下一项内容。

速度素质训练：30米、60米、100米速度跑，4～6次，每次间歇30秒；原地高抬腿15秒，进行6～8次，每次间歇1分钟；30米沙地跑，6～8组，每组间歇1分钟；台阶快速交换腿15秒/次，4～6次，每次间歇1～2分钟；灵敏素质训练：30～60米的折返跑，6～8次，每次间歇1分钟；场地四角跑等短距离跑训练。

2. 耐力训练

耐力训练的相关变量：强度要达到85%以上，心率在160～180次/分钟之间。每一个练习项目开始前进行一次10秒的脉搏测试，脉搏次数处于22～25之间表示可以继续进行下一项内容。

耐力训练内容：100米折返跑，6～8次，每次间歇1分钟；100米、200米、400米变速跑，4～6次，每次间歇1～2分钟；200米、400米间歇跑，4～6次，每次间歇2～3分钟；连续不断的3千米、6千米跑，20分钟有氧跑等。

3. 力量训练

力量训练的相关变量：训练运动量较少，运动负荷较大。强度为85%～95%，心率在130～150次/分钟之间。每一个练习项目开始前进行一次10秒的脉搏测试，脉搏次数处于22～25之间表示可以继续进行下一项内容。

力量训练的内容：仰卧举腿20个/组，3～6组；快速推杠铃20下/组，4～6组；负重原地高抬腿15秒/组，4～6组；负重台阶弓步交换腿50个/组，4～6组；负重抬腿15个/组，4～6组；单腿跳50～60米/组，4～6组；立卧撑起跳8～10个/组，4～6组；半蹲4～8个/组，4～6组；以上每组间歇2～3分钟。跳垫子10个/组，4～6组；跨步跳60～100米/组，4～6组；上述练习每组间歇1～2分钟。

4. 专项技术训练

专项训练的相关变量：训练运动量较大，运动负荷较小，强度为80%～90%，心率在110～130次/分钟之间。每一个练习项目开始前进行一次10秒的脉搏测试，脉搏次数处于22～25之间表示可以继续进行下一项内容。

专项训练的内容：环校跑；跑斜坡，8～10次/组，6～8组，每组间歇1分钟；有条件的可以外出进行登山跑以及简单的跑图。

5. 训练目标

通过训练，使学生的各项身体素质得到进一步提高（力量、耐力、灵敏性、协调性和柔韧性），以及提高学生的心肺功能，为参加无线电测向竞赛和体育中考打下坚实基础。

单元六　无线电测向不同学段体能训练要求

高中生及以上体能训练

一、训练目的及意义

1. 目的

全面发展学生的各项身体素质，包括力量、耐力、速度、柔韧性与运动协调能力，发展学生专业的运动技能，强健体魄，提高学生运动能力。

2. 意义

体能训练有助于提高基础运动能力，保持健壮的体魄；有利于掌握复杂的技术动作和提高运动成效，不断提升运动技术水平；有利于承受大负荷训练和高强度运动；有利于在日常生活或者训练比赛中保持积极、良好的心理状态。

二、训练的主要内容及目标

高中阶段的学生是精力最旺盛的时期，不论是身体素质还是心理素质都接近于最好状态。虽仍处于身体发育阶段，但其身体素质、心肺功能已有一定水平，承受负荷的能力较高。

高中阶段除了要发展学生的速度、耐力外，更重要的是发展力量和爆发力。因此，高中阶段的周期性训练包含耐力训练、速度训练、力量训练和柔韧灵敏性等素质训练。

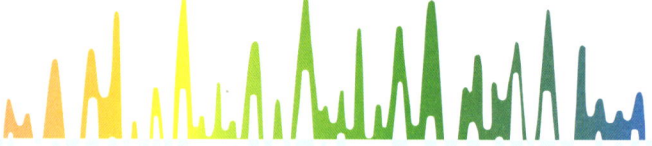

1. 速度–灵敏性训练

速度–灵敏性训练的相关变量：强度要达到85%以上，心率在150～170次/分钟之间。每一个练习项目开始前进行一次10秒的脉搏测试，脉搏次数处于18～22之间表示可以继续进行下一项内容。

速度训练：30米、60米、100米速度跑，3～5次，间歇30秒；变向跑；负重摆臂30秒+快速摆臂10秒/组，6～8组，每组间歇1分钟；下坡跑；原地高抬腿15秒/组，4～6组，每组间歇1分钟；台阶快速交换腿15秒/组，4～6组，每组间歇1分钟；

灵敏性训练：50米、100米折返跑，4～6次，每次间歇1～2分钟；十字变向跑、障碍跑等。

2. 耐力训练

耐力训练的相关变量：强度要达到80%～90%，心率在160～180次/分钟之间。每一个练习项目开始前进行一次10秒的脉搏测试，脉搏次数处于22～25之间表示可以继续进行下一项内容。

耐力训练内容：400～600米跑，4～6次，每次间隙3分钟；100—200—300—500—300—200—100组合训练，2组，每组间歇5～8分钟，每项间歇30秒；150米加速跑、50米慢跑交替变速跑2～3圈，2～3组，每组间歇5～8分钟；100～150米重复跑，6～8次，每次间歇3～5分钟；400米降落伞跑，4～6次，每次间歇5～8分钟；规定时间规定距离跑，连续不断的6～10千米跑，30分钟及以上有氧跑等。

3. 力量训练

力量训练的相关变量：训练运动量较少，运动负荷较大。每一个练习项目开始前进行一次10秒的脉搏测试，脉搏次数处于22～25之间表示可以继续进行下一项内容。

力量训练内容：平板支撑（1分钟）+侧支撑（30秒）+异侧腿臂支撑俯桥（20秒），3～4组，每组间歇1～2分钟；抓举6～8个/组，4～6组，每组间歇1分钟；卧推8～10个/组，4～6组，每组间歇1分钟；跪地送髋6～8个/组，6～8组，每组间歇1～2分钟；半蹲8～10个/组，4～6组，每组间歇1～2分钟；深蹲8～10个/组，4～6组，每组间歇1～2分钟；战车俯卧撑收腹10～15个/组，6～8组，每组间歇1～2分

钟；战车单腿内侧肌训练10～12个/组，6～8组，每组间歇1～2分钟；战车单脚后肌群训练10～12个/组，6～8组，每组间歇1～2分钟；单腿跳小栏架8～10次/组，1～2组，每次间歇30秒；双腿跳小栏架8～10次/组，1～2组，每次间歇30秒；双腿跳大栏架8～10次/组，1～2组，每次间歇30秒；跨步跳100米，3～6次，每次间歇2分钟等。

4. 专项训练

专项训练的相关变量：训练运动量较大，运动负荷较小，强度为80%～90%，心率在110～130次/分钟之间。

专项训练内容：环校跑；跑斜坡，8～10次，6～8组，每组间歇1分钟；有条件的可以外出进行登山跑以及简单的跑图。

5. 训练目标

提高肌肉力量和耐力，增强协调性和灵活性，提高心肺功能以及爆发力，为日后运动竞赛和终身体育打下坚实基础。

单元七

无线电测向训练的调控

　　无线电测向的日常训练是根据测向运动的特点,在教练员的指导下,为提高测向运动员的运动技能、身体素质、心理素质、智能水平,以获得最佳竞技状态,创造优异比赛成绩而专门组织的一种教育过程。

　　无线电测向运动是测向技术和奔跑能力的综合应用。无线电测向不但要求运动员具有一定的测向能力、熟练准确判断电台方位的能力,还要求运动员具有一定的奔跑能力。所以,体能、智能、心理素质全面发展,以及野外适应能力、专项身体素质,是测向运动员取得优异成绩的基础。提高测向运动员的智力,培养运动员顽强的意志是无线电测向运动训练的重要任务。此外,测向运动员还应熟练掌握测向方法、奔跑技术和机动灵活的战术。因此,需要经过正规系统的训练,才能达到预期的目标。

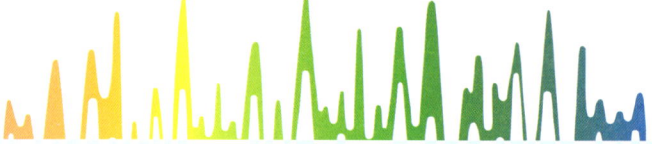

任务一

无线电测向训练的基本原则

一、健康第一与科学素养发展原则

健康第一和科学素养发展原则是在健康中国建设的基础上，按照教育部等十八部门联合印发的《关于加强新时代中小学科学教育工作的意见》而提出的。无线电测向运动，可帮助青少年树立科学意识，培养科学兴趣；热爱运动，练就健康体魄；启迪智慧，提高创新能力。

二、国防教育与动机激励原则

国防教育原则是指开展国防教育活动应当遵循的原则或标准。根据《国防教育法》，无线电测向活动和竞赛以红色电波为引导，旨在对青少年进行国防教育，普及国防知识，培养青少年国家安全保密意识，通过激发运动员刻苦训练的动机和行为，在运动训练过程中积极践行爱国主义教育。

三、一般训练与专项训练相结合原则

一般训练与专项训练相结合的原则是无线电测向体能训练与技能训练的主要指导原则。在无线电测向运动体能训练中，需要根据无线电测向的特点、运动员的训练水平以及不同训练时期和阶段的任务，适当安排两者的训练比例。无线电测向

单元七 无线电测向训练的调控

训练一般在野外进行，安全隐患多，体能消耗高，对运动员的身体机能要求高。它要求教练员在训练时对队员的体能和技术进行综合、全面的考虑。

四、团队组训与区别对待原则

团队组训和区别对待原则是指运动员分组、团队共同训练，根据个人特点和水平层次进行不同训练安排的原则。参加无线电测向训练的队员来自不同的学校，成员年龄跨度较大，从8岁到28岁不等，不仅训练的起点不同，测向技术水平和体能也有所不同，教练员要根据这些因素进行针对性的训练，以达到理想的训练效果。

五、合理安排运动负荷原则

合理安排运动负荷原则是指根据训练任务、训练内容、场地条件和队员水平，合理安排每次训练的运动负荷。影响运动负荷的因素是负荷能力和负荷强度。无线电测向运动中，负荷能力是指完成训练的数量、时间、距离；负荷强度是指单位时间内完成找台任务的紧张程度，包括练习时的密度、完成找台所需的时间和跑步速度。在无线电测向训练中，负荷能力和负荷强度应相互协调，在两者交替增减的过程中，激发学生的兴趣爱好，提高身体素质，促进无线电测向运动的进一步发展。

六、系统训练与周期训练原则

系统训练和周期性训练原则是指根据运动训练的结构特点、竞技技术的表现特点和重大赛事的时间，连续、周期性地组织训练过程的原则。在无线电测向中实施系统训练和阶段性安排，要尊重运动员成长的阶段性规律，有目的、有计划、有重点地组织训练，要循序渐进，避免拔苗助长而影响运动员后续的发展潜力。此外，还要根据运动员的成长阶段和赛事组织规则合理安排训练。

七、体能训练与认知能力训练相结合原则

体能训练与认知能力训练相结合的原则是指在进行体能训练的同时进行认知能力的训练。无线电测向运动是一项结合身体素质和认知能力的运动，清晰快速地听辨电台和进行方向决策，是运动员参加无线电测向比赛的关键因素。无线电测向要求运动员在不断变化的环境里、在快跑与疲劳状态干扰下进行大量的认知活动，而运动中的认知活动会影响大脑控制身体活动的能力。因此，除了技术训练外，还需要在体能训练中为运动员安排适当的认知任务，培养他们在运动和疲劳时的认知能力，同时培养他们在从事认知活动时合理有效地控制身体动作的能力。

单元七 无线电测向训练的调控

无线电测向运动训练计划的制定

训练计划是指对未来训练过程做出预先设计，以保证训练工作有目标、有计划顺利进行的活动。训练计划既是加强训练管理工作的一个方面，也是训练科学化的前提，对于明确训练目标、采取有效措施、总结训练经验和提高训练工作质量具有重要意义。表7-1为运动训练计划的分类及基本任务。

表7-1 运动训练计划的分类及基本任务

训练计划类型		时间跨度	基本任务
多年训练计划	全程性	6～10年	系统培养高水平选手
	区间性	2～6年	完成阶段性训练任务或准备并参加一轮大赛
年度训练计划	单周期	6～12个月	准备并参加1次或1组重要比赛
	双周期	每个周期4～8个月	准备并参加2次或2组重要比赛
	多周期	各周期2.5～5个月	准备并参加3次或3组以上重要比赛
大周期训练计划	准备期	5～20周	提高运动员竞技能力
	比赛期	3～20周	参加比赛创造好成绩
	恢复期	1～4周	促进心理/生理恢复
周训练计划	训练周	4～10天或3～20次课	提高运动员竞技能力
	比赛周		参加比赛创造好成绩
	恢复周		促进心理/生理恢复
课训练计划	综合训练课	0.5～4小时	综合完成多项训练任务
	单一训练课	0.5～4小时	集中完成一项训练任务

131

1. 多年训练计划

多年训练计划是一个多年系统训练的总体规划。制定多年训练计划是为了保证训练有一个统一的总目标，使训练有明确的方向，在这个目标的指引下，每年的训练应紧密相连。中小学生运动员多年训练计划可分为3年和6年两种。

多年训练计划通常可分为基础训练、基本测向技术训练、测向技能提高训练、竞技能力保持训练4个阶段。

多年训练计划内容一般包括：

①学生运动员基本情况的分析，如思想、意志品质、身体发育情况、测向技术水平、文化水平、个性特点等；

②确定思想教育、意志品质的培养目标，以及身体、技术、战术训练和运动成绩所要达到的总目标；

③多年训练计划中年度计划的衔接和运动员生理负荷逐年提高的大体规划；

④训练的主要手段、方法、措施；

⑤重要比赛的大体安排；

⑥检查训练水平的制度和方法；

⑦执行计划必备的场地、器材；

⑧保证完成计划的措施，如管理制度、医务监督、训练时间、生活管理等。

2. 年度训练计划

年度训练计划是将多年训练计划中的目标和要求，落实到每个年度中，其内容比多年训练计划要更加充实具体。

年度训练计划的内容通常有：

①上一年度训练情况和本年度的训练目标；

②身体素质训练及运动成绩所要达到的目标；

③全年训练周期及训练阶段的划分，各个时期身体训练和技术训练的比重与内容，以及训练负荷的安排；

④参加比赛的次数与时间安排；

⑤检查评定训练效果的时间与方法等。

单元七　无线电测向训练的调控

年度训练计划根据比赛任务一般按学期划分为单周期或双周期，并按竞技状态发展规律确定训练阶段。制定全年训练计划应注意的事项有：

①年度训练计划在多年训练计划中的位置和具体目标要有针对性。例如，有以基础训练为主的年度训练计划，也有以技能训练为主的年度训练计划等。

②要根据具体训练目标和学生实际划分周期。如处于基础训练阶段的运动员，由于重点抓身体素质全面训练和基本技术训练，教学因素比重大，可以不明显划分出周期。但对训练水平较高的学生，则可遵照竞技状态的形成规律，合理地划分周期，制定出准备期、竞赛期和休整期的训练目标和内容。

③年度训练的总目标和各项指标要切实可行，留有余地。

表7-2为无线电测向技术掌握程度不同阶段的训练安排。

表7-2　不同阶段测向技术训练安排

阶段	训练内容	方法与目的	时间（小时）
认知	1. 什么是无线电测向； 2. 正确持机，了解测向机性能； 3. 掌握信号的调谐、测定方向的方法； 4. 基本技术动作的规范	利用多媒体进行讲述； 了解无线电测向运动的基本情况	4
基本技术训练	1. 学习竞赛规则和裁判法； 2. 掌握近台区测向方法； 3. 了解起点测向、途中测向； 4. 体会不同距离信号强度的变化； 5. 识读地图	野外训练，单项训练为主	8
测向技术提高阶段	1. 熟悉竞赛规则、裁判法； 2. 熟练掌握测向方法； 3. 测向技术综合运用； 4. 识图越野中路线选择	野外讲解、练习； 综合训练，交叉定点	40
熟练运用阶段	1. 复杂环境下的测向技术运用； 2. 起点动作； 3. 途中测向动作； 4. 近台区动作； 5. 终点动作	野外实地讲解、练习； 明确参赛全过程运动员所必须掌握的基本技术与技能	60

续表

阶段	训练内容	方法与目的	时间（小时）
模拟训练	模拟小型比赛	模拟设置比赛场地、放置电台，组织运动员进行模拟比赛； 使运动员熟悉参赛全过程	20
比赛组织	1. 本次比赛的基本情况； 2. 有关比赛的规则	宣读本次比赛的有关公报，讲述比赛场地的设置与有关规定； 明确如何参加比赛	2

3. 大周期训练计划

大周期训练计划是根据年度训练计划中所规定的各阶段的任务、内容、要求和训练次数等制定的，一般以3个月为宜。大周期训练计划应结合训练进展情况和下一阶段的训练任务来制定本阶段的训练任务、各项训练内容的比重、主要训练手段和负荷安排等。大周期训练计划的内容比年度训练计划更为具体，它应使训练的安排更加切合训练过程的实际。

大周期训练计划又可分为基础期、准备期、比赛期、恢复期和短期的临时集训等不同类型。

基础期的大周期计划常用在全年训练的准备时期，其内容主要是各种有效的一般和专项训练的内容与手段。生理负荷较大，负荷量和强度的增减相互配合并保持在一个相当的水平上。

准备期的大周期计划是在参加比赛前专门安排的训练计划，主要是进行模拟比赛的训练，其内容主要是比赛性的练习，生理负荷大，尤其是负荷强度会达到或超过正式比赛的强度。

比赛期的大周期计划是赛季最主要的中周期训练计划，其内容和训练方法、手段主要根据正式比赛任务的需要来选择安排。生理负荷起伏较大，并以加大负荷强度为主。

恢复期的大周期计划是在比赛后进入休整的一种中周期训练计划，其内容要适当调整，转换生理负荷，逐渐降低要求，消除疲劳，使机体得以恢复。

单元七　无线电测向训练的调控

短期的临时集训计划是为准备某个特定的比赛,为学生创造较好的训练条件而设计的,以求在比赛中能够表现出较高的竞技水平。短期集训计划的内容具有较为明显的独立性,学校无线电测向运动训练更应注意把握这一特点。

制定大周期训练计划要明确该阶段的时间及由几个小周期组成,负荷节奏是以周次来组合的,并规定本阶段各周重点训练内容。在实际训练过程中,要从学生的具体情况出发,根据大周期训练的目标、指标和周次,设计好阶段训练的结构。

4. 周训练计划

周训练计划亦称小周期训练计划,是根据阶段训练计划并结合课余训练实际制定的一个星期的训练安排。

无线电测向运动训练的周训练计划,一般每周安排训练3～4次,每次训练时间为2～3小时。

周训练计划的内容通常包括:本周训练任务与要求、训练次数、每次训练的时间、每次训练课的内容和负荷、测验和比赛安排等。

安排周训练计划要考虑的主要因素有:

①本周训练在本阶段训练中的地位和作用。

②根据一周的主要任务,应将不同的训练内容交替进行训练,使之相互衔接。

5. 课训练计划

课训练计划是最基础的训练计划,它是根据周训练计划以及训练进展情况,对一次训练课所作的具体安排。学校测向运动训练课的内容通常包括:训练任务与要求、内容安排与主要手段、组织形式、时间与负荷安排等。

课训练计划是教练员组织训练的主要依据。前述各种训练计划的各项训练任务与要求都要落实到每次训练课中,训练目标的实现和训练水平的提高,都有赖于每次训练课效果的积累。因此,制定切实可行的课训练计划,是取得良好训练效果的重要一环。

根据训练课的主要任务和内容,学校测向训练课一般可以分为体能训练课,技能训练课,测验、比赛训练课和调整训练课4种类型。训练课基本结构一般都由准备部分、基本部分和结束部分3个部分组成,这与一般体育教学课的结构是基本相同的。

上述5种训练计划，从步骤来看，先制定多年、年度训练计划，后制定大周期、周训练计划，最后制定课训练计划。从训练计划内容来看，是逐步详细、具体的。从制定训练计划的要求来看，要根据学校教育目标与实际情况以及学生的特点确定训练目标，合理安排训练的阶段、时间、内容和负荷。青少年无线电测向训练要加强基础训练，采取符合学生生理、心理特点的组织形式、方法和手段，防止训练手段成人化和专业化，使各种训练计划更加切合训练的实际。在训练计划的贯彻落实当中，要随时进行检查与评价，并把它纳入学校整个体育工作质量评估体系。通过对课余运动训练的检查与评定，能客观地了解训练效果，及时得到反馈，总结经验，将有利于更好地完成学校所制定的总目标。

附：华南理工大学无线电测向体育课教案

华南理工大学公共体育课教案

教学内容	1. 介绍测向机的使用方法； 2. 收测每个信号源的不同莫尔斯电码并认证； 3. 无线电测向的基本技术与练习内容	教学目标	1. 根据每个信号源不同频率发射的莫尔斯电码，由学生判断并熟悉； 2. 掌握测向机的使用方法、持机方法； 3. 培养学生相互协作、吃苦耐劳等优良品质
教学重点	1. 莫尔斯电码的辨认和熟悉，持机方法； 2. 莫尔斯电码的记忆； 3. 无线电测向哑点的确定和单向大音面的方向		

部分	时间	教学内容	组织、教法及要求	备注
准备部分	15'	1.全体同学集合； 2.体育委员报告人数，安排见习生； 3.宣布本课内容和上次课情况； 4.热身运动（慢跑800米）； 5.准备活动：徒手操（4×8拍）	组织：	

单元七 无线电测向训练的调控

续表

部分	时间	教学内容	组织、教法及要求	备注
准备部分	15'	（1）头部运动； （2）肩部运动； （3）扩胸运动； （4）体侧运动； （5）体转运动； （6）腰部运动； （7）腹背运动 （8）全身运动； （9）跳跃运动； （10）左右弓步压腿； （11）膝部运动； （12）踝腕关节运动。 要求：动作正确、大方、有力，各关节活动开。 游戏：圆形曲线跑。 目的：提高奔跑能力。 准备：学生手拉手成圆圈	教法： 1. 教师领操，学生跟随做4×8拍； 2. 在练习过程中教师随时纠正错误动作； 3. 充分做好准备活动，注意安全，防止伤害事故。 方法： 学生用一、二报数的办法分成甲乙两组轮流做"障碍物"和做曲线跑。按规定的圈数和要求做各种练习，以时间最少跑回原位的组为胜。两组交替做练习，可根据情况不断变换方法增减难度。（见下图） 规则： 1."障碍物"应站在圆圈上； 2.曲线跑者应按要求做各种练习。  要求：学生集中注意力，判断要快	
基本部分	70'	教学方法： 1. 短距离80米波段信号源不同台号的莫尔斯电码试发； 2. 收听短距离80米波段信号源的莫尔斯电码； 3. 介绍正确的持机方法和听辨不同台号的莫尔斯电码； 4. 了解不同型号的测向机的使用方法和测向技术； 5. 介绍单向-双向测向法的基本步骤。 练习： 1. 学生在生活区练习收听信号，先独立找台； 2. 学生自己体验测向	组织方式： 1. 从1～9号台把短距离80米波段信号源依次打开，并通过调谐旋钮将频率调到信号强度最大。 2. 记下每个电台的莫尔斯电码特点和不同台号之间的规律。 如：1号台 　　2号台 　　　⋮ 　　　⋮ 　　8号台 　　9号台	

续表

部分	时间	教学内容	组织、教法及要求	备注
基本部分	70'		要求： 1. 全体学生都必须记住每个电台发出的莫尔斯电码，并能熟练地运用； 2. 初步了解信号声音的不同变化和方向线的不同； 3. 体会不同距离音量变化； 4. 学生根据自己的体会和感觉在生活区练习，体验第一次测向的感觉，并总结电台发射信号的规律； 5. 学生五人一组，一人布置隐蔽电台，其他四人在场地练习寻找。 知识掌握： A. 持机方法； B. 收测电台信号； C. 掌握测向机性能	
结束部分	5'	1. 全班集合，收拾器材； 2. 征求上课意见，了解上课效果； 3. 小结本课情况； 4. 交代本课中的问题； 5. 下课	组织形式： 1. 简单回顾本次课所讲的基本内容； 2. 要求学生对测向技术有一个初步了解； 3. 对今后上课提出要求	
课后小结		总结本次课学生上课的效果、积极投入的情况		

单元七　无线电测向训练的调控

无线电测向训练的心理调控

无线电测向竞赛对运动员的心理素质要求很高，它要求运动员注意力集中、思维敏捷、判断准确、应变及自控能力强、意志坚定等。从精细分化的感知力来讲，要有良好的竞赛区域空间知觉，良好的信号感、距离感等。心理训练评价从反应时间和思维敏捷性两方面进行。

反应快是测向运动员必备的一项心理品质。无线电测向要求运动员在快速奔跑中迅速做出反应，及时准确地判断运动方向、运动路线。运动员的反应时间，可通过简单反应时长（视、听）和复杂反应时长的测试予以评定。

思维敏捷性：比赛中运动员要在瞬息间处理各种信息，包括方向判定对照，站立点的确定，电台方向线，目标的确定等，在最短时间内，通过思考做出准确必要的应答行动。

一、常见的心理训练

在无线电测向运动中，心理训练的内容因不同阶段而异，主要包括集中训练运动员的情绪、能力、性格、动机等方面。常见的心理训练有以下几种：

（1）注意力训练。运动员需要将注意力转移到放松和愉快的事情上，远离焦虑。

（2）表象训练。即通过利用已发生过的事情对自我进行暗示，回想成功时的状态和心情，增强自信心，减少焦虑。

（3）意志训练。有意识地克服各种困难，提高意志力，以实现自己设定的目标。可以通过老师与学生或学生之间的鼓励，增强他们的拼搏意志；也可以安排较大负荷量的运动来激发运动员的潜能。

（4）诱导训练。利用有效刺激物把运动员的心理状态引导到某一次成功的过程，为完成比赛、训练保持良好的状态。

（5）鼓励刺激训练。根据运动员的个性和客观分析，激发运动员的士气。

二、常见的心理现象调控方法

由于缺乏经验，运动员在训练中经常会出现一些消极的心理现象。最常见的心理现象包括过度紧张、胆怯、焦虑、注意力不集中或兴奋、盲目自信。当出现这些心理现象时，要敢于面对，积极调整。例如，当情绪紧张时，听一些舒缓的音乐可以帮助放松情绪；或者进行自我暗示，提升信心。当胆怯出现时，可以首先确定让自己感到恐惧的因素，然后为这种情况制定适合的解决方法。当面临心理焦虑时，可以在比赛前演练比赛情况，专注于比赛，并引导运动员优先考虑过程和结果。当注意力分散时，在常规训练中培养相对不受其他事物干扰的能力是很重要的；比赛前，有必要引导运动员消除忧虑和恐惧。当情绪过于激动时，则可以在常规训练中提高训练水平，丰富比赛经验，增强运动员自我调节能力。当出现盲目自信时，有必要教育运动员认真对待每一场比赛，分析比赛或训练中可能出现的各种情况，让运动员做好充分准备。

无线电测向训练安全教育与损伤处理

无论做什么事情，安全是第一位的。无线电测向训练也是如此。因此，在训练的过程中，一定要做好安全教育，尽量避免发生伤害。然而，运动损伤是训练中常见的现象，其发生与运动项目、训练内容、训练强度、训练环境等因素有关。因此，平时应加强对训练损伤的管理。常见的运动损伤主要有以下几种。

1. 肌肉、韧带拉伤

主要表现为局部肿胀、疼痛、压痛、肌肉硬化、功能损伤，严重时可见皮下出血。

治疗方法：立即冷敷治疗、加压包扎和针灸治疗。通常拉伤48小时后才能按摩。

2. 膝关节胫侧副韧带损伤

主要表现为局部疼痛、肿胀和功能障碍，导致关节稳定性差。如果膝关节的胫骨副韧带严重受损或合并半月板损伤、十字韧带损伤或关节骨折，膝关节可能会出现关节肿胀、积血和功能障碍。

治疗方法：立即冷敷，包扎固定，抬高患肢，减轻肿胀。72小时后，进行热敷或中药外敷，加强股四头肌训练。如果有骨折或严重的半月板和交叉韧带损伤，则需要手术恢复。

3. 关节扭伤

最常见的是踝关节扭伤，其特征是损伤部位疼痛肿胀，韧带损伤部位有明显压痛和皮下瘀血。在严重的情况下，一侧韧带可能断裂，导致轻度脊柱侧弯和异常的侧移；甚至发生关节脱位，导致损伤指向背部并扭曲成畸形。

治疗方法：踝关节扭伤后，立即用冷水冲洗或冷敷，用绷带固定包扎，抬起患肢。24小时后，根据损伤情况进行中药外敷、理疗、按摩等治疗。如果有轻微的韧带断裂，需要固定受伤区域。如果损伤严重，骨折后侧面变形明显，应及时手术治疗。

4. 髌骨劳损

主要是因为过度奔跑和跳跃、膝关节长期超负荷或反复轻伤的累积、局部撞击和牵引等导致髌骨劳损的发生。

治疗方法：采取中药外敷、理疗、中药渗透或直流感应、针灸、按摩等措施。长期保守治疗无效、髌骨劳损症状恶化的患者应及时进行手术治疗。

5. 肌肉痉挛

主要是由于肌肉快速持续收缩，从而破坏肌肉收缩和放松之间的协调交替关系所致。运动中出汗过多会导致电解质过度流失和肌肉痉挛；有些还可能由于准备活动不足或情绪过度紧张而导致肌肉痉挛。当身体出现肌肉痉挛时，会出现剧烈疼痛，导致局部肌肉硬化并持续几分钟。缓解后很容易复发。

治疗方法：轻微的肌肉痉挛通常可以通过将痉挛的肌肉向相反的方向拉动来缓解。牵引时不应使用暴力，用力应均匀缓慢，避免肌肉拉伤。此外，还可以与局部按摩、重力按压、揉捏或针刺痉挛肌肉的相关穴位相结合进行治疗。如果发生腓肠肌痉挛，可以使用弹簧等夹点或穴位。严重的肌肉痉挛有时需要麻醉来缓解，治疗过程中需要保暖。

单元八

了解无线电测向竞赛规则

青少年无线电测向训练导引

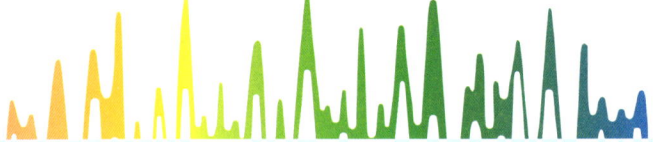

任务一

无线电测向竞赛的进行方式

短距离无线电测向的竞赛和训练一般在环境优美的公园、丘陵、田野、村庄和校园内进行。竞赛或训练的组织者利用自然环境或人工伪装，事先将10部小型发射机（电台）按一定间距分别隐蔽起来。"猎狐"者则利用手中的测向机接收电台信号，按指定顺序逐一找到电台，在规定时间内，按找台顺序找到台数最多而使用时间最少者为优胜。

无线电测向竞赛的进行方式和组织办法是多种多样的。目前，世界上和我国广为开展的是徒步找台，有的国家还开展骑自行车、乘汽车与摩托车等交通工具找台或在冬季滑雪找台，在水网区划船找台以及综合使用一些交通工具找台等。

参加无线电测向活动不受年龄限制。只要具备高超的测向技术、良好的奔跑速度和耐力，以及善于分析、判断和灵活处理各种问题的能力，都可能在无线电测向竞赛中取胜。但这毕竟是一项激烈的体育竞赛项目，对体力的要求还是较高的，因此，短距离无线电测向比赛均按年龄分为MW10、MW12、MW15、MW18、MW22、MW35等组别。

无线电测向竞赛一般在白天进行。若竞赛尚未开始就遇到大雨，可延期，若赛中遇雨，通常照常进行。小型竞赛活动，还可在夜间进行或蒙上眼睛做有趣的表演和游戏。除了举办寻找隐蔽电台的比赛之外，还可进行地图上的定点比赛。定点比赛是在规定的时间和活动范围内，用交叉定点原理，对设在地图区域内的电台定位，并按测定的准确性评分。这种方式对测向机的方向指示精度和测向、作图的准确性要求较高，而对体力和运动中的综合测向技术要求较低。

每场竞赛所设的电台数是有限的，而参加竞赛的人数却很多。为了避免和减

单元八 了解无线电测向竞赛规则

少"猎狐"者在找台过程中的互相影响和跟随，通常采用按一定的间隔时间分组分批出发，这样，由于每个组的找台顺序和数目不同，就可减少相互间的跟跑。

无线电测向竞赛的使用频率，在业余无线电通信规定的频率范围内。目前主要采用的是国际上公认的短距离80米波段测向和短距离2米波段测向，有的省市也开展160米波段（1.8 MHz）和70厘米波段（430 MHz）测向。

目前无线电测向竞赛都是采用电子计时系统，运动员出发前都要配发一个指卡，在找到每个电台后，要到旁边的电子点签器刷卡，听到"滴"的声音才算刷卡成功。运动员的找台顺序和找台数以点签器存储的数据为依据，找台时间从刷"起点"点签器开始计时，到找完信标台并通过设在此台附近的"终点"点签器刷卡为止。评定名次时，找台顺序正确，找台数多者，名次列前；若找台数相同，所用时间少者，名次列前。

为体现无线电测向运动的科技元素，竞赛中还增加电子制作比赛内容。

无线电测向训练和竞赛使用的机器可多可少，应视竞赛水平和规模而定。最简单的训练和竞赛，应备有与设置电台数相同的发射机、一部监听接收机（可用测向机代替）和供计时用的电子计时点签器。组织者架设好各隐蔽电台，起点用接收机收到各台信号后，即组织运动员出发。竞赛期间最好每个隐蔽电台配有通信联络工具，将工作情况及时向场地裁判长报告，各裁判长接受总裁判长的指挥，因此，使用对讲机作为联络工具就比较方便。

对运动员来说，要准备好竞赛用的测向机、计时指卡、手表（或其他计时器）和其他必需品（如备用机件、防雨用具等）。

出发

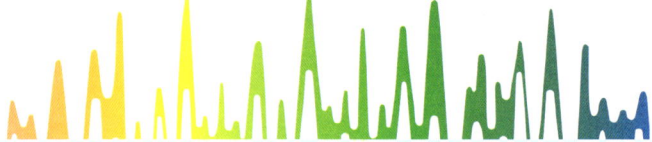

大型无线电测向竞赛组织与编排

一、无线电测向竞赛的筹备组织工作

无线电测向竞赛的组织有两个层次的工作。依主体与对象的不同包括以下两方面：第一层次的竞赛组织工作是作为最高层次竞赛的组织者，对比赛进行策划、组织、调控；第二层次的竞赛组织工作是在一次比赛中，负责竞赛业务部门工作的具体操作与实施。

1. 组织方案

组织方案由无线电测向运动竞赛筹备领导小组根据实际情况制定，它是筹备竞赛工作的依据。组织方案通常包括以下内容：

（1）竞赛名称和目的、任务。

（2）竞赛的规模。主要包括参加单位、参加人数（运动员、裁判员、工作人员）、竞赛组织和竞赛项目等内容。

（3）竞赛的组织机构。根据竞赛工作需要确定，包括机构构成部门、各工作部门负责人、各工作部门的工作人员名额等内容。

（4）竞赛的日期和地点。

（5）竞赛的经费预算。根据实际需要确定，一般包括地图绘制，起点、终点场地布置，以及比赛器材、裁判用具、宣传、奖品、印刷、文具、医药等费用。

（6）工作步骤。主要说明竞赛的筹备工作分哪几个阶段进行，以及各阶段的主要工作安排等。

2. 竞赛规程

竞赛规程是开展竞赛工作的依据。无线电测向竞赛规程通常包括以下内容：

（1）竞赛的名称、目的、任务，以及主办单位、承办单位、协办单位、推广单位等。

（2）比赛时间和地点。

（3）参加单位和组别。比赛项目要根据竞赛项目的性质、规模、参赛组别、运动员水平拟定。目前，我国无线电测向运动还处在推广和普及阶段，在比赛项目设置上一定要具有群众性和广泛性，包括每单位可参加多少人（男、女）、每人可报几项、接力赛的参赛办法以及参加者的资格规定等。

（4）报名办法。包括报名表格填写方法、报名截止日期、报名条件及身体检查规定等。

（5）计分及奖励办法。说明各项目录取名额、个人和接力以及团体总分的计算与奖励办法。目前，全国锦标赛各项可取前8名、接力赛取前6名。

（6）比赛规则。说明采用中国无线电和定向运动协会审定的无线电测向竞赛规则和根据实际情况自己制定的补充规则等。

（7）竞赛费用。

（8）裁判员组成。

（9）仲裁委员会的组成。

（10）规程解释权。

3. 组织机构

无线电测向竞赛的组织与进行是一项复杂而细致的工作，为统一管理、便于工作，必须建立组织机构。机构的构成和规模根据实际需要而定。无线电测向竞赛通常在领导小组领导下建立4个组开展工作。

（1）宣传组。负责宣传教育、会场布置、开幕式和闭幕式的组织，以及奖状、奖品的发放等工作。

（2）竞赛组。负责赛事的组织，包括场地选择、地图制作和路线设计等方面的工作。

（3）安全救护组。对在比赛过程中出现的各种问题进行安全救护。

（4）后勤组。负责场地与器材的准备、奖品的购置、赛会饮水供给和医务人员配备等工作。

为了保证比赛按计划有条不紊地进行，各组要在领导小组的统一领导下协调配合，积极完成比赛的各项筹备和组织工作。

4. 无线电测向竞赛秩序册的编排

（1）审查报名单。按照竞赛规程规定的参赛办法，对各单位的报名单进行审查，如发现报名人数和项目超出限额，应立即与相关单位联系，及时解决。

（2）编排运动员姓名、号码对照表。运动员号码由4位数组成，第一位数代表组别，第二、三位数代表队别，第四位数代表运动员在该队的序号。

（3）统计各项目参加比赛人数。统计参加各项目比赛人数和接力赛队数，为分组和编排工作做好准备，然后填入"各项目参加比赛人数统计表"。

（4）编排方式和出发顺序。同一项目不同组别的运动员一般同时出发，各组各人的出发顺序由计算机随机抽签决定。接力赛一般是统一出发。

二、无线电测向竞赛的其他工作

1. 竞赛前期的准备工作

（1）向有关单位提出赛事申请，获得举办比赛的正式批文。

（2）成立组织委员会，具体工作落实到各个小组。

（3）选择无线电测向竞赛场地，准备竞赛场地地图，设计电台具体位置，并实地勘测验证场地安全性以及开幕式、起点、电台位置、终点设置的准确性。

（4）根据竞赛规程和竞赛规则准备无线电测向器材、电子计时设备、成绩处理系统等。

（5）根据竞赛规程和竞赛规则准备运动员比赛用具和赛前校波等。

（6）竞赛的组织接待、后勤生活保障、交通工具准备等。

单元八　了解无线电测向竞赛规则

2. 竞赛进行中的工作

（1）组织竞赛的开幕式，宣传大会宗旨，要求全体参赛工作人员、裁判员、教练员、运动员参加。

（2）按照竞赛规程和竞赛规则办事。裁判员公正裁判，运动员赛出水平、赛出风格、端正赛风、严格纪律、加强团结。

（3）每日的竞赛安排：包括竞赛项目、时间，以及交通、后勤保障等工作。

（4）每日的竞赛组织：包括竞赛场地设置（起、终点安排，电台设置），竞赛实施，成绩记录、核对、公布等。

（5）根据竞赛规程和竞赛规则处理竞赛中发生的问题。

（6）公布竞赛项目成绩、名次及颁奖。

3. 竞赛后期的总结工作

（1）竞赛结束后，将全部成绩整理好并编印成册，发放给各参赛单位和有关部门。

（2）总结本次竞赛情况，必要时以书面形式向上级有关部门汇报竞赛结果及竞赛情况。

无线电测向竞赛场地

选择适当的场地是无线电测向竞赛的重要环节，它关系到比赛能否顺利进行。

无线电测向竞赛场地的选择与教学场地的选择在要求上有所不同，竞赛场地的地形要有一定的复杂性，且不同阶段有不同的要求。图8-1为无线电测向常用的几类竞赛场地。在初级阶段，要选择尽可能空旷的地形，最好是校园，使运动员能最大限度地置于裁判的监督之下；在中级阶段，可选择有部分地形变化的校园、公园或高大、明显特征物不多的果园；在高级阶段，可选择起伏不大、地形简单的郊野（森林公园）进行。实际上，适合高级阶段竞赛的地形标准同样适用于初学者。从初学者的角度看，只有在这种地形上才能体现出无线电测向"神秘与挑战并重共存""智能与体能协同""乐趣与成就共现"的特性，因为任何人在任何情况下收听信号不准，方向分析不对，都会寸步难行。这会使他们明显地感觉到无线电测向的与众不同，也意味着需要对初学者进行有效的基本测向技术的教学。

(a)野外测向场地航拍图　　　　　　（b）野外测向地形图

图8-1　无线电测向常用竞赛场地

单元八　了解无线电测向竞赛规则

（c）公园测向场地航拍图

（d）公园测向地形图

（e）街区测向场地航拍图

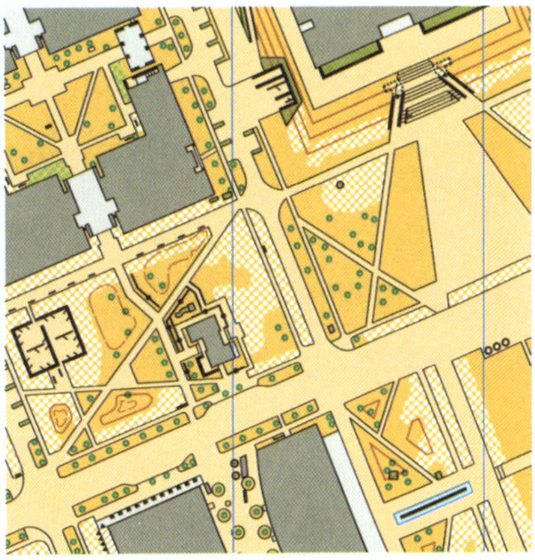

（f）街区测向地形图

(g)村落测向场地航拍图

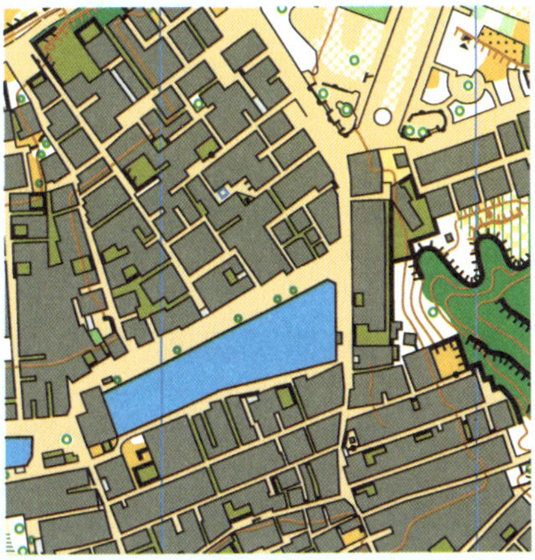

(h)村落测向地形图

图8-1　无线电测向常用竞赛场地（续）

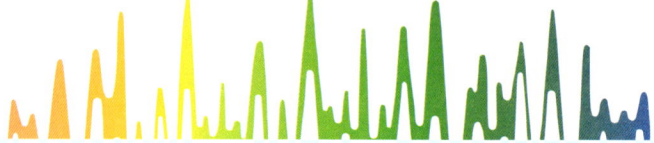

任务四

无线电测向竞赛的裁判

　　裁判是无线电测向竞赛的一个重要组成部分。在竞赛中，裁判工作起着极其重要的作用。裁判工作的好坏，直接影响着竞赛的进程、运动员的比赛情绪以及运动员技术水平的发挥。裁判员不仅是运动成绩和比赛名次的判定者，也是竞赛的组织者。根据有关规定，各等级无线电测向裁判员的培养和审批工作，由中国无线电和定向运动协会负责，裁判员应了解和掌握无线电测向竞赛裁判工作的基本理论知识和方法。对裁判员的基本要求是掌握无线电测向基本技术、比赛规则和方法，在裁判工作中做到严肃认真、公正准确、谦虚谨慎、团结协作，尽心尽力地完成裁判工作任务。

一、无线电测向竞赛赛前裁判的准备工作

　　为保证无线电测向竞赛的顺利进行，裁判组应在竞赛组领导下，做好下列赛前准备工作。

1. 组织和培训裁判队伍

　　根据竞赛的规模选聘裁判员；对裁判员进行思想动员与明确分工；学习竞赛规程与无线电测向竞赛规则；研讨裁判方法和进行现场裁判实习。

2. 召开各种会议

　　（1）全体裁判员大会。进行思想动员、布置学习计划、宣布各裁判组人员名单和分工。

单元八　了解无线电测向竞赛规则

（2）裁判小组会议。在主裁判领导下制订本小组的学习和工作计划，讨论比赛和裁判工作中的有关问题。

（3）主裁判会议。会议由总裁判长主持召开，主要了解各裁判小组准备情况并交流经验，解决存在的问题。

（4）领队、教练员会议。会议由竞赛组召开，总裁判长和有关的裁判长、主裁判参加。介绍竞赛工作的准备情况和补充规定，听取领队和教练员意见，讨论竞赛有关问题。

3. 做好裁判器材和用具准备

各裁判小组要提出裁判工作所需要的器材和用具清单。对于领到的裁判器材和用具要落实专人负责，以保证比赛时裁判能有效使用。

4. 布置好起、终点并检查器材

各裁判小组于比赛前必须到现场检查起、终点设置和器材准备情况，如有必要，需提出起、终点重新布置和器材更换意见，交场地器材组解决。

起点测向示意图

终点测向示意图

附：无线电"猎狐"强手棋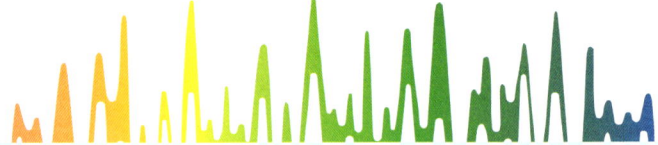

一、规则

1.本强手棋可以进行团体赛，也可进行个人赛；

2.数码棋子若干（可用硬纸片剪成圆形棋子状）；

3.骰子一颗，比赛时掷骰子者按掷骰子的点数进格；

4.裁判员1～2名，负责计时、评比；

5.比赛前，各队队长掷骰子决定出场顺序；

6.比赛胜负：以先到者且时间少者为优胜；团体以总积分多少评定，胜者积1分，负者积0分。

二、"狐狸"台的布设

七号格：布设3号台；

十七号格：布设1号台；

三十三号格：布设4号台；

四十六号格：布设5号台；

五十四号格：布设2号台。

三、格内的内容

△：起点；

1号格：空格；

2号格：正确地运用小音线（哑点线）测出"狐狸"电台的方向线，前进到9号方格内；

3号格：地物丰富，利用交叉定点，确定3号台在小屋后的小山丘的杂草丛中，前进到7号格内，打卡；

4号格：持机方法不对！退回起点；

5号格：没按规定时间出发，停止掷骰子二次；

6号格：近距离搜索找"狐狸"台，进入7号格内，打卡；

7号格：这里是"狐狸"电台，找到此台可前进到13号格内；

8号格：确定1号台的位置，跑台，前进五格；

9号格：空格；

10号格：电台方向判断错误，退回到6号格内；

11号格：直线跟踪，耳机内1号台的声音变大，方位正确，前进到17号格内，打卡；

12号格：搜索电台；

13号格：搜索电台；

14号格："狐狸"电台的尾巴是天线，搜索就是搜寻天线，到达此站再前进8个格；

15号格：为陷阱，进此格则彻底失败；

16号格：音量太大，没有分辨出大音面，方向跑反了，为此罚回到第9号格内；

17号格：此格是第二个"狐狸"电台，奖励你再前进3个格；

18号格："定线""定边"后，观察地形，前进到20号格内；

19号格：发现自己找到1号"狐狸"台，没打卡，退回到6号格内；

20号格：经分析，选择南侧小路前进，进到28号格内；

21号格：利用"猎枪"（即测向机），旋转一周，找到"狐狸"台的声音最小点，前进到32号格内；

22号格：经过"定边"后，判断出4号"狐狸"台在大树的东边，地形变复杂，前进到30号格内；

23号格：寻找"狐狸"台时，要独立完成找台任务，不许说话求助别人或帮助别人，如说话，则判罚退回到9号台；

24号格：4号"狐狸"台信号弱，地形复杂，能很快找到4号"狐狸"电台，奖励你前进到36号格内；

25号格：3号"狐狸"电台设在此格内，叫声为：嗒嗒，嗒嗒嗒，嘀嘀嘀；到达此格时用纸写出该台台号后交给裁判，答对后前进5个格，答错者退后5个格；

26号格：识图错误，跑偏了方向，退到6号格内；

27号格：搜索电台，原地不动；

28号格：搜索电台，原地不动；

29号格：识图正确，跑到此格给予奖励，前进到32号格内；

30号格：搜索电台，前进一格；

31号格：搜索电台，前进一格；

32号格：搜索电台，前进一格；

33号格：此格为4号"狐狸"台所在位置，找到此台可前进12个格，也可不动；

34号格：找到3号"狐狸"电台后，很快测定2号"狐狸"电台位置，快速奔向2号"狐狸"电台，奖励5个格；

35号格：MO台的叫声为：（   ），用笔答，答对者前进到42号格内，答错者后退7个格；

36号格：架设"狐狸"电台时，一定要把信号调准，调谐时右手食指按住"调谐旋钮"，左手旋转"调谐"，使"调谐指示"的指针摆动最大，请前进到42号格内；

37号格：0号"狐狸"电台信号与MO信标台信号有区别吗？用笔答，答对者前进3个格，答错者退到26号格内；

38号格：2号"狐狸"电台信号清楚，方向跟踪很顺利，前进到42号格内；

39号格：9号"狐狸"台的叫声为"嗒嗒嗒嗒，嘀"，对吗？请回答！对者前进5个格，错者后退5个格；

40号格：无线电"猎狐"可以在社区和街区中开展，人人可以参加此项活动；前进2个格；

41号格：2号"狐狸"台方向上地形平坦，当跑到大桥附近时，2号电台叫声变大，证明2号台就在附近，前进4个格；

42号格：很快搜索到电台，前进到46号格内；

43号格：每个"狐狸"电台2～4m范围内设有点标旗和电子打卡器，打卡证明找到此台，前进2格；

44号格：搜索电台，看见2号"狐狸"台天线，原地不动；

45号格：陷阱，进入此格则全盘失败；

46号格：此格为2号"狐狸"电台所在位置，找到此台迅速收测5号"狐狸"电台；

47号格：测出5号"狐狸"电台在树林里，地形复杂，需要运用交叉定位来搜

寻5号台，前进5格；

48号格：无线电"猎狐"分类原则为：按频率、按距离、按组别，其中组别分为儿童组、少年组、青年组，前进3格；

49号格：交叉定点时，没拉开距离，退回到28号格内；

50号格：进入搜索区，反复运用交叉定点来仔细搜索电台天线，进入到54号格内；

51号格：搜索过程中跑过了头，没及时找到5号"狐狸"电台，退回到42号格内；

52号格：发现问题及时运用定边技术，返回找到5号"狐狸"电台，前进2格；

53号格：搜索到5号台，进入终点，前进1格；

54号格：5号"狐狸"电台位置，到达此格内，再前进1格冲向终点；

55号格：终点◎。

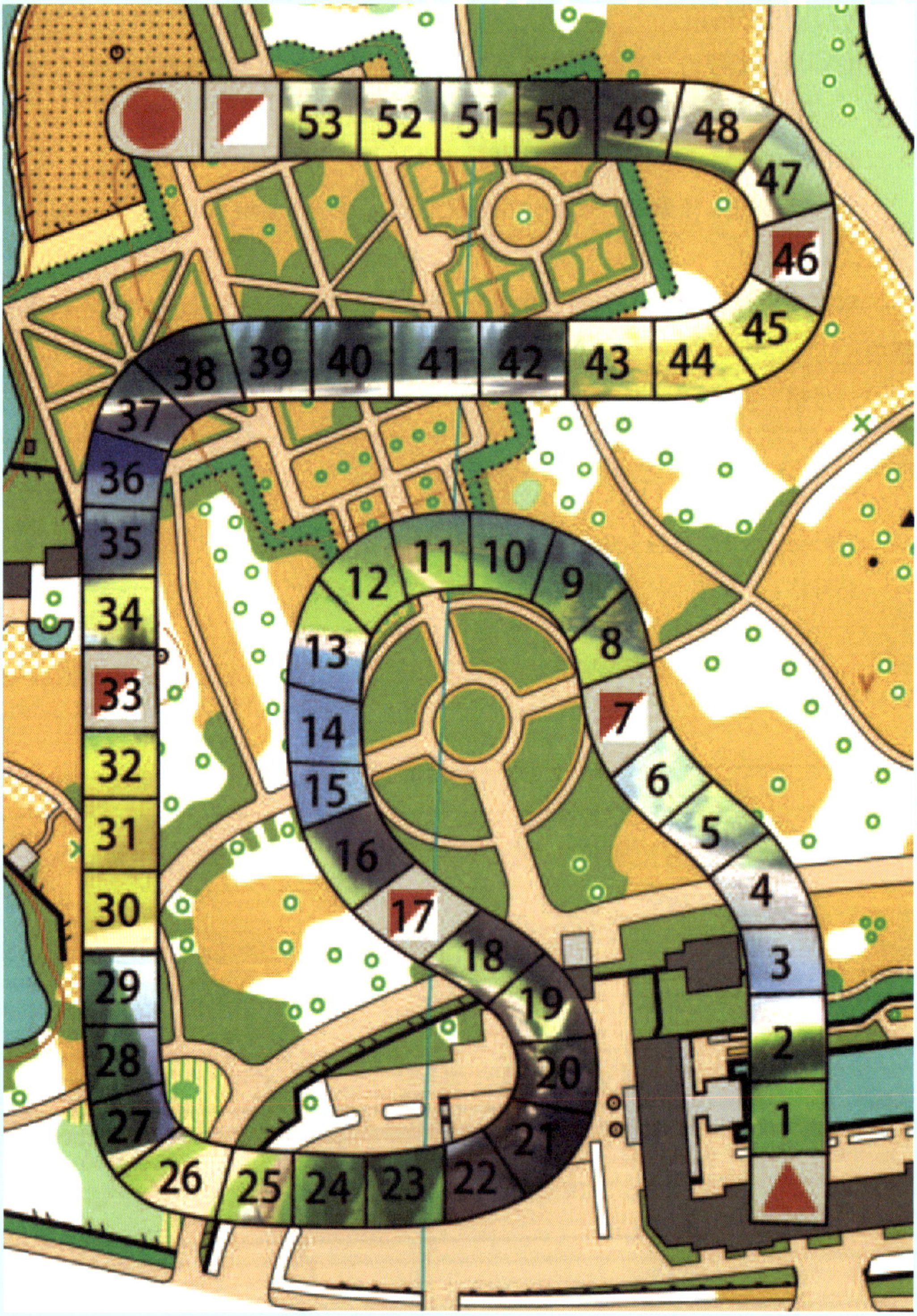

（附件摘自苏燕生老师漫画集）

参考文献

[1] 扶健华. 无线电测向运动原理与方法［M］. 广州：华南理工大学出版社，2016.

[2] 熊开封. 无线电测向综合技术项目化实训教程［M］. 重庆：重庆大学出版社，2016.

[3] 许庆忠. 定向运动技能训练与教学实践［M］. 长春：吉林人民出版社，2021.

[4] 张树峰. 现代田径运动技术与训练［M］. 北京：化学工业出版社，2018.